Os Modelos de Gestão Global e os Meios e Técnicas de Fazer o Controlo de Gestão nas PME

OS MODELOS DE GESTÃO GLOBAL E OS MEIOS E TÉCNICAS DE FAZER O CONTROLO DE GESTÃO NAS PME
AUTOR
Renato Lopes da Costa
EDITOR
CONJUNTURA ACTUAL EDITORA, S.A.
Sede: Rua Fernandes Tomás, 76-80, 3000-167 Coimbra
Tel.: 239 851 904 · Fax: 239 851 901
Delegação: Rua Luciano Cordeiro, 123, 1º Esq., 1069-157 Lisboa
Tel.: 213 190 240 · Fax: 213 190 249
www.actualeditora.pt
DESIGN DE CAPA
FBA.
PRÉ-IMPRESSÃO
Jorge Sêco
IMPRESSÃO E ACABAMENTO
PAPELMUNDE, SMG, LDA.
V. N. de Famalicão

Junho, 2012
DEPÓSITO LEGAL
345417/12

Toda a reprodução desta obra, por fotocópia ou outro qualquer processo, sem prévia autorização escrita do Editor, é ilícita e passível de procedimento judicial contra o infrator.

  GRUPOALMEDINA Coimbra · Lisboa · São Paulo

BIBLIOTECA NACIONAL DE PORTUGAL – CATALOGAÇÃO NA PUBLICAÇÃO
COSTA, Renato Lopes da
Os Modelos de Gestão Global e os Meios e Técnicas de Fazer o Controlo de Gestão nas PME – (Gestão)
ISBN 978-972-694-026-3

CDU 005
      658

Os Modelos de Gestão Global e os Meios e Técnicas de Fazer o Controlo de Gestão nas PME

Renato Lopes da Costa

ACTUAL

A minha esposa

Lutem com determinação
Abracem os negócios com paixão
Percam com classe
Vençam com Ousadia
O sucesso pertence a quem interpreta e se atreve

PREFÁCIO

A globalização da economia obriga a repensar das teorias de gestão existentes, exigindo-se mais do que nunca um mapa mental global aberto à diversidade. O concorrente direto outrora existente no outro lado da rua, não só passou agora a estar localizado a quilómetros de distância em qualquer um dos "quatro cantos do mundo", como pode vir de outras indústrias. O mapa mental global exige para além de abertura a novos mercados e novas culturas, também conhecimento das culturas e mercados. Exige sobretudo poder de integração, isto é, integrar as novas realidades no nosso mapa mental. O mapa mental funciona como um filtro da informação que procuramos e aceitamos, a malha do mapa mental deve ser clara, isto é, de abertura suficiente para deixar passar novas realidades.

Na primeira parte deste livro o autor debruça-se sobre as diferentes culturas de gestão e na segunda parte analisa o controlo de gestão integrando-o numa perspetiva estratégica de globalização.

A principal mensagem que o livro pretende passar é que não existe uma fórmula mágica para solucionar os problemas das organizações e que hoje, mais do que nunca, o desenvolvimento faz-se a partir de casos reais e de descrições que exemplifiquem como controlar as organizações e ajudar de facto a que seja possível pensar sobre novos meios e técnicas de o fazer.

Boa leitura!

NELSON SANTOS ANTÓNIO
Prof. Cat. ISCTE – Instituto Universitário de Lisboa
Fevereiro, 2012

NOTA DE EDIÇÃO

"Não existem fórmulas mágicas, mas o mapa global atual exige aprendizagem, competência e fundamentalmente conhecimento".

NÉLSON DOS SANTOS ANTÓNIO
Professor Catedrático (ISCTE)

Espero que este livro vos ajude a elaborar questões que permitam compreender a realidade complexa em que vivemos. Desejo que se divirtam tanto a ler este livro como me diverti na sua elaboração.
Até breve.

RENATO LOPES DA COSTA
Mártires, Abril de 2012

INTRODUÇÃO

Desde os seus primórdios, o objetivo da estratégia organizacional consiste no estudo das relações das organizações com o seu meio envolvente, numa perspetiva de longo-prazo (António, 2006), mas a globalização da economia e o desenvolvimento de tecnologias de informação têm obrigado a repensar as teorias de gestão existentes. Os efeitos da economia num ponto do planeta, manifestam-se hoje a milhares de quilómetros de distância, o que leva a que cada vez mais a gestão empresarial requeira maiores cuidados face à gestão dos negócios.

Hoje mais do que nunca estamos perante uma sociedade cada vez mais próxima, sendo o paradigma da deslocação dos gestores de um ponto para o outro do globo um lugar-comum no novo contexto internacional. Assim sendo, a mudança no contexto ambiental exige um mapa mental global, aberto à diversidade cultural, a conhecimentos sobre outras culturas e mercados e à integração de novos valores, sendo estes mais do que nunca os principais fatores críticos de sucesso para a gestão empresarial dos nossos dias.

Este livro no seu primeiro capítulo procurou exatamente explorar estes pressupostos, mostrando que o estudo das diferentes formas de gestão, do conhecimento cultural dos diferentes contextos e realidades internacionais e da capacidade de absorção de todo este conhecimento, deve ser a chave para o sucesso. O importante é conhecer o que se faz e como se faz nos "quatro cantos do mundo" e, ter a disponibilidade mental para aprender e para perceber de que forma é gerido o conhecimento daí gerado, não só no sentido de garantir uma maior capacidade para competir, mas também para incorporar, ou quando muito, conhecer a forma como os outros agem, independentemente da sua localização, cultura, mercado ou valores.

Neste contexto, o importante é ter conhecimento sobre como se faz a gestão não apenas nos gigantes conhecidos como são os casos dos E.U.A., da União Europeia, do Japão ou da China, cuja contribuição conjunta para a economia mundial ronda os 86% – com 29,1%, 31,4%, 10,3% e 5%, respectivamente – (António, 2008), mas também para economias como a Islâmica ou a Africana, que embora não tão poderosas, constituem igualmente aquilo que se designa como o mapa global, sem que se saiba de antemão se um dia poderão ou não vir a atrair capital disponível nos mercados internacionais que possam gerar níveis de produtividade e liquidez que as projetem como economias emergentes, na mesma medida que têm aparecido economias como a Indiana, Russa ou Brasileira.

Ou seja, por mais que se possa projetar o futuro ou ir ao encontro das mudanças constantes ao nível do meio ambiente, as palavras conhecimento e mapa global devem ser as primeiras a constar nos dicionários das pessoas e das organizações, pois são hoje coisas universais e o modo como as tratamos e ensinamos pode ser uma fonte de aprendizagem verdadeiramente valiosa.

Mas, ainda que a corrente na área de gestão empresarial possa divergir culturalmente a nível global, existe um esforço permanente que deve ser realizado pelos principais responsáveis das empresas para atingir os seus objetivos. O controlo de gestão neste campo ganha relevância vital, independentemente dos vários paradoxos e diferentes culturas organizacionais.

Na sequência disto mesmo, enquadrar as minhas ideias sobre como se pode fazer o controlo de gestão nas empresas e fazer pensar sobre os meios e técnicas para o fazer, independentemente do contexto ou cultura que lhes esteja subjacente, ganha especial relevância nesta contextualização.

Assim, não pretendo por isso no segundo capítulo deste livro apresentar uma fórmula mágica para gerir organizações, tão-somente pretendo apresentar algumas soluções e ideias que possam ajudar os gestores a solucionar problemas com base num conjunto de tópicos técnicos e de uma ênfase concetual e prática que privilegie o ponto de vista empresarial, para ajudar de facto os gestores a pensar sobre a melhor forma de executar o controlo e atingir os seus objetivos.

Capítulo I
O Mapa Global de Gestão: Os Modelos Anglo-Americano, Alemão, Japonês, Chinês, Islâmico e Africano

1. O MODELO DE GESTÃO ANGLO-AMERICANO

O modelo anglo-americano, ou por outras palavras a teoria da agência, como é conhecida no mundo empresarial, tem sido um modelo muito usado ao longo dos anos nas universidades por autores como Walker e Weber (1984), Demski e Feltham (1978), Spence e Zeckhauser (1971), Basu et al. (1985), Eisenhardt (1985), White (1985) e, ainda que alguns autores como Perrow (1986) o envolvam num certo grau de controvérsia, apelidando-o de trivial e perigoso, a verdade é que quer se queira quer não este personifica a fundação de uma teoria organizacional poderosa (Jensen, 1983; Barney e Ouchi, 1986; Anderson, 1985; Eisenhardt, 1985), sendo o seu exemplo "caraterizado pelo seu grande cariz universal" (Ross, 1973: 134) no que diz respeito ao restabelecimento da importância dos incentivos e dos interesses pessoais no pensamento organizacional – Figura 1.

Sucintamente, o que o modelo anglo-americano nos indica é que estamos perante, na maioria das vezes, conflitos de interesses. A jusante da cadeia estão portanto os "shareholders" que hoje em dia não têm caras. Estes são fundamentalmente empresas que compram empresas e têm parte da fatia destas sem que exista forma de os identificar, o que os leva também a não estar de todo interessados na forma como as empresas

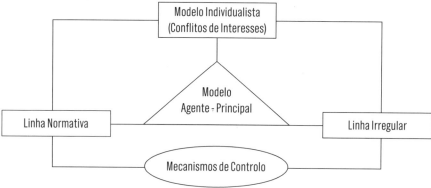

Figura 1 – Modelo de Gestão Anglo-Americano

são geridas, pois o seu principal objetivo é criar mecanismos de controlo (o que obviamente cria custos) e obter com isso 20% dos seus proveitos ou resultados (Eisenhardt, 1989).

O problema aqui, reside no facto de que estes "shareholders" não têm informação sobre o que acontece na empresa, ao contrário dos seus gestores, o que leva a que estes últimos obtenham poder e comecem a perseguir objetivos individuais, como por exemplo vir a idealizar ser presidentes de grandes empresas. Desta forma, a ideia de que os gestores estão nas empresas para perseguir os interesses dos "shareholders" sem que tenham interesses pessoais fica suprimida, dando lugar a uma abordagem mais do tipo a empresa como uma interação de contratos entre "shareholders" e gestores, o que carateriza este modelo como mais do tipo individualista contra o fator grupo (Eisenhardt, 1989).

Ou seja, seguindo a abordagem de Jensen e Meckling (1976) o modelo anglo-americano de governabilidade empresarial é regido a partir da abordagem agente-principal, assente numa relação em que o principal (acionistas) contrata um agente (gestores) por forma a que sejam estes a tomar decisões sobre a forma de poder direcional. Em sentido mais restrito, trata-se de um serviço de delegação de autoridade conhecido por teoria de agência, fundamentalmente ligado ao conflito de interesses entre os principais e os agentes, ou no que comummente se designa de perda residual centralizada no conflito de interesses e divergências entre as partes.

O estudo desta teoria tem-se focado fundamentalmente a partir de duas linhas, a normativa, ligada ao ponto de vista económico, reconhecendo que o acompanhamento do gestor (agente) e os interesses dos principais (proprietários) devem ser alcançados a partir de incentivos para inovações de governabilidade e, a irregular, assentando esta numa visão em que os gestores tendem normalmente a enganar os principais ou proprietários, tentando maximizar mais a sua própria utilidade do que a da empresa propriamente dita, associando-se esta abordagem a um risco moral e oportunista por parte do agente, não apenas assente no desenvolvimento de práticas e ações que tendam a beneficiar os seus próprios interesses, como na assunção de comportamentos que tendem a afastar agentes bons e a esconder informação que não chega sequer ao conhecimento da própria empresa (António, 2006).

Assim, o que este modelo nos indica, é que independentemente de gostarmos ou não, a via organizacional está envolta em interesses pessoais (Barney e Ouchi, 1986) e risco (Walker e Weber, 1984) que pode influenciar os contratos entre agente e principal. Mas, mais importante do que a evidenciação de interesses pessoais entre atores ou demonstrar a existência do risco envolto nesta interação [que neste último caso tal como evidenciado por Eisenhardt (1989) pode ser suprimido através de investimento em sistemas de informação que possam controlar de certa forma o oportunismo de certos gestores], o essencial é encarar o modelo como uma perspetiva de análise a considerar quando comparada com outras perspetivas teóricas complementares.

2. O MODELO DE GESTÃO GERMÂNICO

2.1 O CONCEITO DE CODECISÃO DO MODELO ALEMÃO ANTERIOR A 2003

Como percebido pela ilustração do modelo de agente-principal, o envolvimento dos "stakeholders" está longe de perfilhar uma ideologia colectivista, sendo mais ligado a uma forma de gerir onde a competitividade é a palavra de ordem. Nesta estrutura governativa, a agressividade pela partilha de mercados e lucros e a conflituosidade entre interesses pessoais e organizacionais redesenham um modelo que para muitos é errado, pois focaliza-se numa visão não sofisticada da empresa e pela exclusão de um paradigma de colectivismo e sinergias tão em foco à entrada deste novo século.

Mas, ainda que muitos países europeus, tais como Portugal, sejam também apologistas deste tipo de filosofias organizacionais, existem outros tantos que apresentam diferenças significativas ao nível da análise da sua estrutura governativa. Um desses mesmos modelos governativos, foi-nos apresentado pelo modelo Europeu mais distinto, o Alemão. Ao contrário do modelo Anglo-Americano, o modelo Alemão anterior a 2003 enfatizava a necessidade da livre concorrência, onde se incluem aquisições hostis e uma filosofia cooperativa, centrada sobre o conceito de codecisão (António, 2006).

A visão sofisticada de empresa apresentada pelo modelo Alemão, considerava a empresa como um veículo social, envolvendo a sociedade empresarial como um todo por forma a que a conjugação de forças e conhecimentos contribuísse para aquilo que António (2006) denomina como leitura do mapa global, definindo esse mesmo mapa como algo amplo que vai muito para além do bem-estar dos acionistas.

Em termos sucintos pode-se dizer que o modelo Alemão descansava na monitorização contínua dos gestores pelos "stakeholders", alicerçados em relações de longo-prazo, cujo compromisso implícito gerava na maioria das vezes aspetos importantes nas suas tomadas de decisão, o que por si só dava a possibilidade de que na maioria das vezes fossem constituídos verdadeiros cartéis de acordos inter-firmas que permitiam a formação de compromissos, em desprimor de incentivos para venda de ações, assumindo neste contexto as PME não cotadas em bolsa um maior protagonismo em termos de importância na sua sociedade empresarial – Figura 2.

As caraterísticas apresentadas na figura 2, foram assim as bases para que a Alemanha tenha sido descrita na dedada de 1980 e parte de 1990 como uma economia coordenada e uma referência face à abordagem que teve em termos de parceria social nas suas relações industriais, sejam estas relativas a negociações salariais, esquemas corporativistas de formação profissional e/ou uma correta coordenação dos direitos dos trabalhadores. Ou seja, regimes obrigatórios e abrangentes de segurança social são tidos nesta perspetiva como uma das principais caraterísticas do modelo que caraterizou a Alemanha até 1997 ou mais precisamente até 2003, o que sobrepunha a defesa da força de trabalho contra as próprias perdas de receitas e/ou estatutos que possam gozar determinadas classes profissionais.

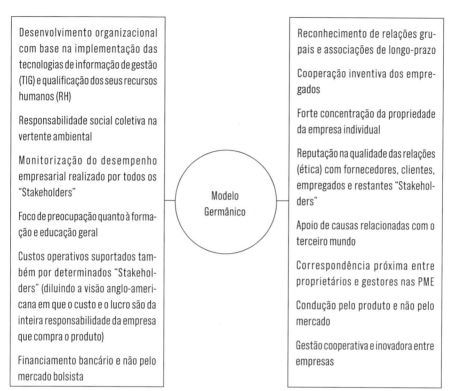

Figura 2 – Modelo de Gestão Germânico
Fonte: Adaptado de António (2006)

    O sistema político Alemão caraterizava por isso um sistema baseado em consensos, resultado de federalismos cooperativos, coligações governativas, caça ao voto legislativo e concentração do macro corporativismo, que em diversos momentos da sua história levaram à restrição de esforços para levar a cabo reformas políticas que se mostravam adequadas para fazer face aquilo que no mundo globalizado se ia gerando (Katzenstein, 1987; Czada, 2005).

    Mas, historicamente, ainda que a mudança de base governativa se tivesse dado anos mais tarde, a década de 1990 porém (após a unificação das repúblicas Federal e Democrática Alemã em 1989) veio dar início a um novo paradigma no contexto social e económico alemão com a implementação de algumas reformas estruturais que vieram de certa forma alterar a estrutura e os regulamentos empresariais e financeiros mantidos até então (Posen 2009), sobretudo em termos das medidas necessárias para melhorar a proteção legal dos acionistas, a liberalização do mercado de ações e a incorporação de ações inovadoras em termos empresariais.

2.2 O NOVO PARADIGMA NO CONTEXTO SOCIAL E ECONÓMICO ALEMÃO

Ainda que na fase anteriormente referida tivessem sido registados alguns movimentos de transição tais como os mencionados anteriormente, na verdade as pressões para levar a cabo reformas financeiras mais profundas eram ainda bastante moderadas, isto porque, acreditavam os políticos, as receitas conseguidas em 1990 pela Alemanha Oriental ou antiga República Democrática, no valor de 500 biliões de marcos Alemães contra os 108 biliões registados em 1989, iriam suportar e servir de almofada para gerir os custos da unificação, o que por si só se veio a mostrar insuficiente. Dois anos mais tarde a balança de pagamentos Alemã registava um défice de 150 biliões de marcos Alemães, vendo-se por isso o país e a banca forçados a prosseguir uma política de juros altos para atrair capital estrangeiro que pudesse financiar a sua economia (Czada e Hirashima, 2009).

É importante no entanto notar, que durante este período o país gozava de conflitos políticos praticamente inexistentes. Era um período onde as políticas partidárias, assim como as relações federais se caraterizavam ainda por consensos generalizados e por um estado de bem-estar social onde formação e reconversão profissional, redução de horas de trabalho e aposentadoria precoce serviam de base para restringir a oferta de trabalho em face de altas taxas de desemprego existentes na altura. Este foi assim o paradigma até 1997 (Czada, 2002, 2004, 2005).

Em 1997, o consenso social remonta então à década de 1950, gerando um foco que veio colocar em causa os consensos gerados até então, face à rejeição pelos social-democratas, do projeto-lei de reformas e pensões apresentado pelo governo socialista da época (Cerami, 2004; Czada e Hirashima, 2009).

Desde então, inúmeros conflitos foram surgindo em termos da continuação das políticas de bem-estar caraterísticas do modelo Alemão anterior a este período, o que por sua vez foram sendo agravados face principalmente às forças das circunstâncias económicas mundiais que conduziram a verdadeiros constrangimentos situacionais e à necessidade de se agir de forma pragmática (Cerami, 2004; Czada, 2005; Czada e Hirashima, 2009).

Estes constrangimentos em termos do bem-estar social tiveram verdadeiramente o seu início em 2003, período em que se iniciaram um conjunto de reformas (Hartz) estruturais no país ao nível do mercado de trabalho com o objetivo de evitar o colapso financeiro do sistema social, quer através da diminuição dos valores do fundo de desemprego, quer através do aumento da empregabilidade alicerçada no reforço da responsabilidade individual de cada cidadão (Czada, 2005, Buhr e Schmidt, 2007). Estes impulsos de reestruturação caraterizaram assim o princípio das reformas legislativas sem precedentes levadas a cabo pela Alemanha para promover o país como o centro financeiro da Europa (Czada e Hirashima, 2009).

Novos regulamentos sobre a bolsa de valores (participação mais transparente das empresas na bolsa de valores), restrições em termos do direito de voto dos bancos nas empresas por procuração (não assumindo automaticamente o direito de voto por terem mais de 5% do capital conseguido através de procurações) e, abolição de impostos sobre ganhos de capital com a venda de participações acionarias (aumentando o nível de rivalidade entre diferentes grupos industriais), são apenas alguns exemplos desta promoção (Lutz, 2000).

A este ciclo seguiu-se a crise profunda em que se viu mergulhada a Europa e o mundo em 2008, o que veio acentuar ainda mais a geração de conflitos que vinham sendo gerados desde 1997, resultando daqui um conjunto de novas reformas institucionais e abertura de novos caminhos na elaboração de políticas e iniciativas para levar a cabo estas mesmas reformas, estando entre elas atos para a promoção do mercado financeiro, a redução ainda mais acentuada do bem-estar social, e um conjunto de ações que conduziram a reduções drásticas em termos financeiros para equilibrar o orçamento do país (Czada e Hirashima, 2009).

Mas, ainda que estas reformas tenham de certa forma alterado aquilo que até 1997 caraterizava o modelo Alemão, envolvendo a sociedade empresarial como um todo e a continuidade da estrutura governativa Alemã e das suas empresas como veículo social, estas reformas por si só não bastaram, o que veio a culminar na denominada Agenda 2010.

O acentuado défice orçamental Alemão e a perda de competitividade no cenário internacional obrigaram o Chanceler federal Gerhard Schröder a implementar um pacote de reformas mais abrangente, trazendo o programa Agenda 2010 (assente numa dominante orientação neoliberal) verdadeiras mudanças em termos tributários, de saúde pública, de previdência, de mercado de trabalho e de finanças municipais, além de ter colocado também o debate sobre a própria desregulamentação profissional.

Desde então o "gap" entre a receita e a despesa pública Alemã tem de facto diminuído consideravelmente, assim como as taxas de desemprego, caindo o número de desempregados de 5 para 3 milhões entre 2005 e 2009 (Czada e Hirashima, 2009), ainda que este resultado ficasse fundamentalmente ligado a uma diminuição da qualidade de vida dos cidadãos, a um aumento considerável do trabalho em part-time (aumentando de 11% para 17% em 2009) e, a uma certa desvirtuação das diferentes realidades vividas entre as fações este e oeste da sociedade Alemã.

Ou seja, ainda que estes resultados apontem para uma homogeneidade de desempenhos em termos políticos, sociais e económicos, na verdade estes resultados desvirtuam um pouco a realidade. Embora a Alemanha esteja longe da heterogeneidade vivida pelo império Alemão de 1871 (república de Weimar[1]), ou mesmo pelo período anterior à unificação de 1989, a verdade é que historicamente a Alemanha sempre se caraterizou pela sua heterogeneidade.

Segundo Buhr e Schmidt (2007), em 2007, dos 13 milhões de Alemães orientais (ex. República Democrática Alemã), 16,8% estavam desempregados (1,3 milhões), enquanto a percentagem de desempregados na Alemanha ocidental (ex. República Federal Alemã), com um total de 65 milhões, era de apenas 8,4% (2,5 milhões) e, neste sentido, apesar dos anos terem diluído as amplitudes e desigualdades entre estas duas realidades, a verdade é que continuam a existir diferenças significativas em termos sociais e económicos, considerando-se por isso que a sociedade Alemã não possa ser caraterizada como equitativa.

Na verdade, mais de duas décadas passadas após a queda do muro de Berlim, subsistem ainda diferenças políticas, económicas e sociais não equitativas entre as fações este e oeste Alemãs. Este tipo de desigualdade é transcrita em algumas investigações, existindo na parte este a opinião generalizada de que o país não assenta numa base equitativa em termos sociais e económicos e na providenciação de justiça e oportunidades idênticas para todos os cidadãos (Czada e Hirashima, 2009).

No entanto, embora o cepticismo seja mais vincado a este, pelas razões mencionadas anteriormente, a verdade é que se tem assistido na Alemanha a uma generalizada e crescente deceção popular face às políticas sucessivas que têm sido levadas a cabo pelos seus governantes, o que tem conduzido a um sentimento de desencanto, que não só tem levado o eleitorado de

---

[1] A República de Weimar sucedeu ao império Alemão logo após a primeira guerra mundial, tendo como base um modelo parlamentarista democrático constituído por um chanceler que seria responsável pelo poder executivo do país. Esta democracia envenenada acabou por lançar os fundamentos que permitiram mais tarde a Adolf Hitler posicionar-se como o arauto de um regresso ao passado imperial e antidemocrático da Alemanha e implantar o nazismo.

direita a virar mais à esquerda, como à própria insatisfação da população face à própria democracia (Posen, 2009).

Assim, apoiados numa estratégia de exportações fundamentalmente virada para dentro do espaço europeu (2/3), o que torna a Alemanha menos sensível à turbulência dos mercados globais e menos vulnerável a mudanças e a fatores de competitividade entre nações e continentes[2] e, com um aposta marcadamente dirigida também aos mercados emergentes como a China, Rússia, Índia e África do Sul, a sua dependência face à economia Norte-Americana tem diminuído gradualmente e, ainda que esta situação possa variar de setor para setor ou em termos de produto (por exemplo no setor de fabricação de automóveis continua bastante dependente da economia Norte Americana), a verdade é que as politicas governativas alemãs têm conduzido a sua estratégia de forma inteligente, continuando este país a ser o "motor" Europeu de referência em termos económicos, centrando-se sobretudo na especialização da indústria de manufatura de automóveis, camiões, engenharia industrial e construção e, produtos químicos (Scharpf, 2003).

Ou seja, o que tudo isto nos indica, é que o modelo capitalista Alemão anteriormente caraterizado por uma sociedade empresarial sinérgica e por estruturas governativas e empresariais que funcionavam como veículo social, é hoje um modelo híbrido que tenta combinar as virtudes do modelo Alemão anterior a 2003 e, o modelo Anglo-Saxónico, caraterizado por um maior pragmatismo face às mudanças globais mundiais. O modelo Alemão atual é por isso caraterizado pela tentativa de combinar equilíbrios sociais e flexibilidade económica em termos de mercado financeiro e empresarial, estando por isso a sua estratégia governativa hoje em dia ligada a reformas estruturais que servem como travão constitucional ao aumento do seu défice público que se cifrou em 2011 em 1,5% do seu produto interno bruto (PIB) e se pretende diluir por completo em 2014.

3. O MODELO DE GESTÃO JAPONÊS

O Japão, por muitos denominado como a "Terra do Sol Nascente", é o país com a décima maior densidade populacional do mundo, com cerca de 128 milhões de habitantes. Desde a sua fundação em 1947, o Japão conta com

---

[2] A integração na zona Euro veio facilitar este processo.

uma história única, estabelecida numa constituição assente sobre uma estrutura monárquica liderada pela figura cerimonial de imperadores e um parlamento constituído eleitoralmente pelo povo, liderada atualmente pelo imperador Akihito.

A história desta nação iniciou-se há cerca de 1500 anos, alimentada numa filosofia muito própria baseada na influência estreita com os princípios tradicionais chineses, acabando por ser esta a principal razão que levou ao isolamento do país face ao mundo até 1868. Desde então, e face sobretudo às alterações vividas nos últimos 250 anos em termos organizacionais, a política cultural japonesa vem faseadamente rompendo com o seu passado, construindo um processo de nacionalização acelerado com influências Europeias e Norte-Americanas que permitiram e continuam a permitir a sua abertura ao mundo ocidental, o que resultou na constituição da terceira maior economia mundial do planeta em termos de PIB nominal (5,5 triliões de dólares) e a terceira maior em poder de compra (4,3 milhões de dólares), estando as suas principais atividades industriais ligadas atualmente à engenharia automóvel, eletrónica, informática, siderurgia, metalurgia, construção naval e química e, tecnologias superiores, consumidas sobretudo pelos mercados Norte-Americanos, Chineses, de Taiwan, da Coreia do Sul e de Hong Kong.

No que diz respeito ao modelo Japonês, este assemelha-se em muito ao modelo Alemão anterior a 2003, caraterizando-se fundamentalmente pela sua contraposição ao pragmatismo do modelo Anglo-Americano, ainda que o modelo Germânico tendesse mais para um certo nível de intelectualismo e o Japonês se caraterize fundamentalmente numa base mais ligada ao "saber fazer", ao contrário do ênfase dos germânicos no "saber ser" e "saber saber".

Ainda assim, pode-se dizer que estes dois modelos se assemelham em muito, tendo em comum sobretudo um envolvimento profundo do estado na criação e manutenção de níveis de competência e conhecimento, e na ênfase colocada sobre o grupo, em detrimento do indivíduo (António, 2006). Mas não se pense que as semelhanças entre estes dois modelos se ficam por aqui, pois ambos estão na origem da maior parte dos relacionamentos que se estabelecem ente organizações e pessoas e, é caraterizado por ser do tipo "win-win", onde as relações procuram expandir o valor ou os recursos disponíveis pelas partes envolvidas através de processos integrados e cooperativos (Lopes da Costa, 2010).

Ou seja, os sistemas Japonês e, Alemão anterior a 2003, conduzem no fundo ao que António (2006:134) denomina de "empresas de ganhos mútuos", em que a participação dos empregados e de outro tipo de agentes partilham as recompensas do sucesso, com base numa sociedade em rede que tem como caraterística base a promoção de relações sociais entre atores económicos.

A empresa Japonesa é por isso caraterizada pelo técnico e pelo moral, onde o técnico remete para o desenvolvimento de novas tecnologias de informação e a atitude mental e poder produtivo se confundem e fundem naquilo que constitui a atitude do empregado e empregador. A afirmação que António (2006) utiliza para explicar tal paradigma, "as empresas são as pessoas", ilustra bem a partilha aqui implícita e a atitude destes parceiros e da sua relação, que ultrapassa em muito o que nas sociedades ocidentais é definido em bases contratuais.

A segurança emocional, as ligações de lealdade, as relações intergrupais e interpessoais, são assim os fatores críticos de sucesso de uma sociedade caraterizada pelos laços familiares que se constituem, conferindo às suas empresas o conceito lato que independentemente do seu tamanho se pode denominar sempre de empresa familiar – Figura 3.

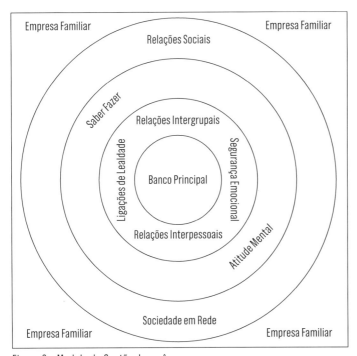

Figura 3 – Modelo de Gestão Japonês
Fonte: Adaptado de António (2006)

Aqui reside uma das principais diferenças entre esta sociedade e a Alemã. É que se na sociedade Alemã, antes de 2003, as sinergias eram muitas vezes alocadas à complementaridade entre empresas, sendo que no Japão as relações mais importantes são tidas com o banco com o qual estão diretamente envolvidas, à qual denominam de banco principal (António, 2006), sendo com estes (instituições bancárias) que trocam todo o tipo de informações relativas aos seus negócios. Da mesma forma, estes são na maioria das vezes em simultâneo os seus maiores credores e acionistas, o que lhes permite atuar com relativa facilidade em termos da definição das suas políticas de gestão através do envio de funcionários seus que atuarão na empresa como diretores, com o objetivo de resolver determinadas aflições financeiras que eventualmente possam ter surgido (Aoki e Dore, 1994).

Sendo assim, o "banco principal", os grandes acionistas destas empresas, estão fundamentalmente mais preocupados com a gestão dos seus negócios do que propriamente com os lucros que possam realizar com as ações de que são possuidores, o que retrata um mecanismo disciplinado diferente do modelo Germânico e completamente díspar do modelo Anglo-Americano baseado fundamentalmente em aquisições e procedimentos de bancarrota (António, 2006) focalizado sobre objetivos financeiros, lucros de curto--prazo, tomadas de decisão claras de cima para baixo e hierarquias horizontais, cadeias de valor flexíveis e, relações de emprego de curta-duração (Pudelko, 2009) – Tabela 1.

A partir da tabela 1 podem ser identificadas como forças motrizes de continuidade e mudança do modelo Japonês quatro aspetos chave. (1) A aprendizagem a partir das melhores práticas, independentemente de onde estas possam ter sido criadas, (2) um ambiente de negócios global orientado para o estatuto, o que segundo Pudelko (2009) é o mais adequado para fazer face a um ambiente globalizado caraterizado pelo dinamismo e instabilidade e por processos não-lineares e disruptivos, (3) introdução de mudanças substanciais na sua estrutura empresarial para fazer face ao lento crescimento e à deflação enfrentada pelo país durante décadas, (4) aposta numa política de emprego que privilegia princípios de longa--duração e orientação para as pessoas, comportamentos e estabilidade.

Estas são assim as caraterísticas distintas que permitiram em termos estratégicos que o modelo de gestão Japonês possa ser hoje em dia considerado como uma referência no mercado Asiático[3], a partir de diferentes

---

[3] A indústria Japonesa tem uma grande influência sobre as indústrias Sul-coreana, Tailandesa e Chinesa (Kodama, 2009).

1 · O MAPA GLOBAL DE GESTÃO

Critério	Modelo Japonês	Modelo Anglo-saxónico
Objetivo das empresas	Importância dos objetivos financeiros e não financeiros para garantir a sobrevivência de longo-prazo, independência, e crescimento das empresas	Grande importância dos objetivos financeiros de curto-prazo para aumentar valor aos acionistas
Figuras-chave	Quota de mercado de longo-prazo	Lucros de curto-prazo
Principais "Stakeholders"	1. Empregados 2. Clientes 3. Acionistas	1. Acionistas 2. Clientes 3. Empregados
"Corporate Governance"	Sistema interno de controlo de gestão camuflado e não transparente	"Corporate Governance" e mercados financeiros transparentes
Mentalidade	Mentalidade insular, nacionalista e etnocêntrica	Mentalidade aberta, global e geocêntrica
Poder	Delegação de poderes na gestão intermédia das empresas para preparação de informação para decisão dos órgãos de topo organizacionais	Concentração de poder na administração das empresas
Estratégias	Apenas mudanças incrementais, sendo a sua orientação baseada no estatuto e estabilidade	Alto nível de flexibilidade, possíveis mudanças radicais de estratégia
Preocupações-chave	Aspetos Operacionais: Focalização em melhorias graduais de processos e produtos	Aspetos Estratégicos: Alto nível de sofisticação em atividades como fusões e aquisições
Estruturas	Estrutura corporativa em rede, de cima para baixo, tomadas de decisão de baixo para cima e laterais, muitas camadas hierárquicas	Estrutura corporativa em pirâmide, tomadas de decisão claras de cima para baixo, hierarquias horizontais
Rede de trabalho empresarial	Estruturas keiretsu estáveis	Cadeias de valor flexíveis
Empregos	Relações de emprego de longa-duração (empregos de longa-duração)	Relações de emprego de curta-duração (contratar e demitir)
Recrutamento	Descobrir a pessoa que melhor se integrará na empresa (orientação para a pessoa)	Descobrir a pessoa mais qualificada para um trabalho específico (orientação para o trabalho)
Recompensas	Recompensas com base na senioridade	Recompensas com base no desempenho
Desempenho	Contribuição para o desempenho colectivo (orientação para o comportamento)	Forte orientação para o desempenho individual (orientação para os resultados)
Carreiras	Carreiras generalistas	Carreiras especialistas

Tabela 1 – Principais Diferenças entre o Modelo de Gestão Tradicional Japonês e o Modelo de Gestão Anglo-Saxónico

Fonte: Pudelko (2009)

aspetos distintos, (1) através do seu conhecimento prático (liderança baseada no "saber fazer"), (2) da gestão dialéctica da sua liderança (liderança dialéctica), (3) dos valores partilhados, (4) da criação e acumulação de conhecimento tácito decorrente da integração vertical[4] da sua gestão, (5) da promoção do trabalho em equipa, (6) da colaboração, (7) da coreação, (8) da própria coavaliação em que assenta os seus pressupostos, fatores chave que serviram de motor para a construção de uma economia altamente competitiva a nível internacional no ramo das altas tecnologias (Kodama, 2009). Trata-se em suma de uma política que vem confrontar os modelos de gestão ocidentais, assentes numa aposta focalizada em competências chave de especialização horizontal[5].

Segundo Pudelko (2009), ainda que subsistam inúmeros aspetos positivos relativamente à forma de conduzir a gestão das empresas Japonesas, existem no entanto aspetos que podem condicionar a sua eficiência. Neste caso, quaisquer modificações que se queiram implementar num determinado sistema, podem acarretar necessidade de serem realizadas também modificações noutras partes desse mesmo sistema, o que na prática pode levar a inconsistências, atritos e frustrações entre os diferentes membros organizacionais. Face a esta abordagem, o verdadeiro desafio para o modelo de gestão Japonês é o de conseguir integrar nos seus conceitos tradicionais princípios Anglo-Saxónicos por forma a atingir estádios de equilíbrio estáveis que permitam reforçar os seus princípios, o que permitirá segundo o autor, estabelecer uma coerência e consistência dentro do seu próprio modelo, bem como no contexto económico global.

Os desafios colocados por Pudelko (2009), não significam de forma alguma o fim do estilo Japonês de gestão, tão simplesmente significa

---

[4] A Integração Vertical ocorre quando diferentes processos de produção passam a ser controlados pela mesma empresa. Pode ocorrer entre dois ou mais processos contínuos de produção. Este método de produção visa a diminuição de custos e maximização dos resultados. Além disso, dificulta o acesso do concorrente a um determinado produto ou matéria-prima, principalmente em determinados mercados onde a fonte destes é restrita (Kodama, 2009).

[5] A Integração Horizontal consiste numa estratégia de crescimento baseada na aquisição de duas ou mais sociedades do mesmo nível da cadeia produtiva, ou seja, concorrentes diretos. Muitas vezes dá-se com a aquisição de todo o estabelecimento comercial, inclusive a marca original de um determinado produto, que pode ter boa penetração no mercado consumidor. Com isso, muitas vezes a administração das empresas opta por manter a marca original, beneficiando da aceitação da mesma. Essa integração inviabiliza a competitividade de outras marcas, eliminando a concorrência.

que a introdução de tais diretrizes podem alterar a sua forma atual e possibilitar que as empresas Japonesas possam vir a reemergir em breve de forma reforçada, devendo por isso o mundo empresarial ocidental estar preparado para uma competição ainda mais forte deste gigante da economia mundial.

4. O MODELO DE GESTÃO CHINÊS

4.1 O MODELO DE GESTÃO CHINÊS SEGUNDO SCHLEVOGT

É um fator indesmentível que o crescimento económico da China tem sido enorme nas últimas décadas e que muitas das preocupações se têm voltado para este mercado. Na verdade a existência de mão-de-obra barata e disciplinada e a prática do "dumping" comercial e social têm contribuído para que cada vez mais a indústria Chinesa se tenha tornado competitiva e contribua já com 5% para o volume económico global, o que segundo António (2008) pode atingir face a esta evolução níveis de desenvolvimento que a projete para patamares ainda maiores e, dada a sua dimensão, possibilite que a sua parte "este" possa vir a ser nos próximos 20 anos concorrente direta das economias Europeia, Norte-Americana e Japonesa, e a "oeste" (menos desenvolvida) de economias emergentes como a Russa, Indiana e Brasileira.

Mas isto nem sempre foi assim. Na verdade a China durante muitos anos foi um país subdesenvolvido que só após um longo período de reformas se veio a constituir no que é hoje. Como exemplo destas reformas temos o movimento das cem flores (1956), a abertura económica de 1978, o grande salto em frente (1558-1960) e a revolução cultural (1966-1976), todas manifestações que permitiram ao governo Chinês reforçar-se no plano económico, político e cultural, o que lhe permitiu crescer a taxas elevadas, passando em termos quantitativos o seu PIB de 300 milhões de dólares em 1980, para mais de 1000 milhões de dólares na entrada do novo milénio (António, 2008). No plano qualitativo, o seu comércio externo passou a ser um dos principais motores da sua economia, o investimento direto estrangeiro a ser um dos maiores a nível mundial, a sua economia a ser marcadamente uma economia de serviços ao invés de uma economia rural e industrial (que prevaleceu no país durante muitos anos) e, resultado de uma diminuição clara de empresas estatais, o setor privado a ser o mais produtivo para a sua economia – ainda que a maior parte mantenha ainda algum tipo de controlo estatal (Portal das Empresas, 2010; Li, J., 2008).

Embora o setor público se tenha também desenvolvido, a verdade é que é nesta fase que o setor privado emerge nos anos de 1990 como o novo motor do crescimento económico Chinês com base num modelo de gestão que pode ser definido em traços gerais como uma estrutura que retrata uma sociedade flexível e informal, inserida fundamentalmente num núcleo de fundo onde o coração tem por base uma sociedade harmoniosa e um cariz familiar profundo – Ver figura 4: Modelo de gestão de Schlevogt (2002) – reproduzindo o que António (2008:59) consegue descrever de uma forma muito simples como que a caraterística base de uma sociedade em que "a família cuida dos seus".

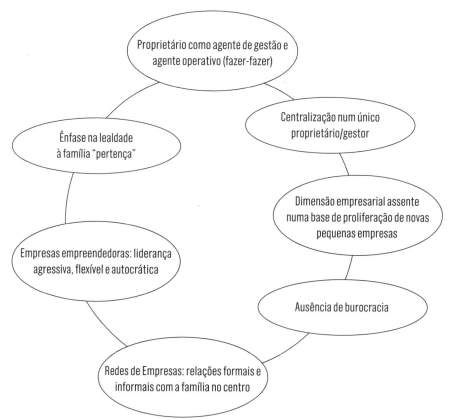

Figura 4 – Modelo de Gestão das Empresas Privadas Chinesas
Fonte: Adaptado de Schlevogt (2002)

De facto o que se constata é que a harmonia é a caraterística mais enraizada e enfatizada na sociedade e na cultura Chinesa (Steier, 2003), ainda que nem sempre esta harmonia seja livre da existência de determinados conflitos e tensões, muitas vezes resultado de algumas rivalidades familiares e diferenças geracionais no que à obediência e autonomia dizem respeito (Lee e Mjelde-Mossey, 2004); Fukuyama, 1995). Ainda assim, trata-se de uma sociedade caracteristicamente marcada por laços e valores familiares, denominados por Hsu (1971), Triandis (1995) e Au e Kwan (2005) como "familism values", atuando estes como arma de suporte, sacrifícios partilhados, lealdade, reciprocidade e respeito entre si, com o objetivo de procurar sinergias que lhes permitam viver, conviver e competir no seu meio ambiente.

Esta forma de estar, é de certa forma transposta para o contexto empresarial Chinês, onde a sua rede de empresas é essencialmente composta por negócios de cariz familiar, sendo a lealdade familiar a tradução mais marcante do seu tipo de sociedade. Este tipo de gestão familiar representa o que António (2008:56) denomina de "doutrina confucionista de Jen", onde se ensina a amar os outros de uma forma gradual, começando pelo país, depois a família mais chegada e, por fim, os amigos, formando um círculo concêntrico constituído pelo núcleo base – pais, filhos, genros, noras, netos, netas e, por três núcleos subsequentes, o primeiro constituído por irmãos, irmãs, sobrinhos e sobrinhas, o segundo por primos e primas e o terceiro pelos amigos.

Trata-se no fundo, de uma hierarquia de subordinação com base no estatuto, liderada normalmente pelos mais velhos. Ainda assim, é importante que se mencione que ainda que esta hierarquia seja baseada na idade e no consequente estatuto, a verdade é que segundo as doutrinas Chinesas existe sempre a responsabilidade moral de contestação por parte de qualquer membro da família em termos de opinião, podendo em muitos casos ver-se ser posta em causa a conduta de um superior caso esta não esteja a ser a mais correta.

Ainda assim, rebuscando em parte o que António (2008) denomina de terceiro núcleo subsequente relativamente ao que define como doutrina de gestão familiar Chinesa, uma observação importante a reter é que, muito embora o empreendedorismo na China seja fundamentalmente ligado a laços familiares, o estudo de Wong et al. (2006) explana que muitas das vezes os Chineses preferem amigos a familiares para começar os seus negócios, o que os coloca também no centro da constituição da sua rede de empresas, o que, segundo Au e Kwang (2009), se deve à "horrível" interferência da família e às consequentes restrições a que ficam muitas vezes sujeitos os seus proprietários no desenvolvimento dos seus negócios.

4.2 O MODELO DE GESTÃO CHINÊS DE WENZHOU, DAS PME, DE SUNAN E GUAGDONG

Ainda que a sociedade e cultura Chinesas sejam normalmente caraterizadas pelos seus valores familiares característicos, para se descrever o modelo de gestão das empresas privadas Chinesas tem sempre de se evocar também o modelo de Wenzhou (António, 2008), construído sobre um apertado movimento discriminatório por parte das autoridades locais que ao longo dos anos (fundamentalmente a partir da emersão do setor privado Chinês como novo motor do crescimento económico) lhes tentaram incutir um espírito socialista, o que não conseguiram, resultando isto num crescimento rápido e persistente das empresas familiares que o constituíam.

O modelo de Wenzhou (António, 2008) foi então o laboratório de ensaio de base do crescimento acelerado da China nos últimos anos, descrevendo as bases locais em que estas pequenas empresas estão acopladas como concêntricas e onde a lei dificilmente se faz cumprir, acabando sempre por prevalecer a lei naquilo que convém aos interesses locais e privados, sendo por esse motivo este mesmo modelo conhecido como o modelo das áreas rurais.

Dada a extensão do território Chinês, o modelo de Wenzhou é assim representativo de uma China supersticiosa e menos desenvolvida economicamente, onde a principal preocupação governamental tem sido atrair o investimento estrangeiro, o que contrasta com uma China moderna e mais desenvolvida a "este", com um maior desenvolvimento dos seus recursos humanos e com um poder central mais forte em termos de regulamentação e controlo.

Ainda que o processo de internacionalização da China e a sua abertura ao mundo tenha contribuído para o seu crescimento, é importante frisar no entanto, que a obtenção de licenciamentos na China não são ainda hoje fáceis de obter, o que faz com que as suas barreiras à entrada sejam de facto enormes (Portal das Empresas, 2010) para empresas não estatais e estrangeiras, passando muitas vezes estas entradas a estar condicionadas ao estabelecimento de boas relações com as autoridades locais, e mesmo assim, a grande maioria destas, aparecem excluídas dos concursos governamentais, sendo que as que ainda assim conseguem ultrapassar este constrangimento, ficam quase sempre alocadas a um tratamento fiscal diferenciado e com enormes dificuldades no acesso ao crédito bancário (Zhang e Ye, 2010).

No entanto, um aspeto que se apraz verificar, é que a sociedade empresarial Chinesa tem tentado seguir uma estratégia de inovação em termos de custos e, ao contrário das empresas Japonesas, tentam atacar todos os segmentos de mercado, inovando ao longo de toda a sua cadeia de produção. Da mesma forma, a capacidade empreendedora e de aversão ao risco no movimento comercial Chinês é intrínseca ao seu ADN, fazendo com que na maioria das vezes consigam com relativa facilidade saltar de um negócio de restauração, para outro que envolve por exemplo a venda de electrodomésticos ou outro tipo de bens, sendo esta sua flexibilidade um dos principais fatores que estão por detrás do sucesso Chinês.

A filosofia Chinesa pode ser assim definida por aquilo que é o slogan da primeira "joint venture" da província de Shaanxi – o "Farol Belga", constituída a partir dos seguintes credos, (1) criar valor para os clientes, pois são a razão da sua existência, (2) criar bem estar para os empregados, pois necessitam de uma razão para a sua existência, (3) criar rendimentos para os acionistas, pois são eles a base da sua existência, (4) tudo isto sobre o signo de honestidade e credibilidade, pois a tradução destas duas caraterísticas em termos práticos deve ser o melhor que qualquer organização tem para oferecer. Este slogan reproduz em parte aquilo que se pode definir como a reprodução do modelo de gestão das PME`s na China e que pode ser mais detalhadamente visualizado a partir da figura 5.

Em suma, tal como enunciado por António (2008) são muitos os modelos e paradigmas vividos no mundo organizacional Chinês, onde as autoridades locais com a complacência das autoridades centrais experimentam a iniciativa privada (como no caso do modelo de Wenzhou), onde noutra ordem de ideias prevalecem mais iniciativas cooperativas (como as potenciadas por outro tipo de modelos como o de Sunan), outras ainda fomentadas através do investimento estrangeiro (caso da província de Guagdong) e, todas elas constituindo o que pode ser denominado como um verdadeiro laboratório estratégico.

Figura 5 – Modelo de Gestão das PME na China
Fonte: Adaptado de António (2008)

No entanto é preciso salientar que se todos estes modelos e vivências têm contribuído para o bem-sucedido desenvolvimento Chinês e promovido o seu crescimento económico (a par obviamente do fator crítico mais marcante, os seus preços competitivos – Chen e Zhang, 2002; Ma e Yang, 2010), tudo isto tem de facto sido cruzado com a total falta de responsabilidade social das empresas Chinesas, assente sobre um direito de base cujos empresários podem a seu belo prazer despedir, encerrar e gerir as suas organizações como querem e bem entendem, constituindo isto verdadeiras relações de intenções baseadas em "explicações zero" sobre os seus atos ou atitudes, pois tudo o que fazem não são mais do que verdades irrefutáveis que nada nem ninguém tem a validade ou viabilidade para contestar ou pôr em causa.

Aliando então uma gestão com base no sangue e lealdade, ao invés do mérito e uma completa marginalização dos direitos humanos do povo

Chinês, na sua generalidade será sempre de questionar o mérito deste desenvolvimento e teremos sempre de considerar esta economia como altamente importante no contexto mundial, mais não seja pelo sinal que está já hoje em dia a ser manifestado, fazendo com que as nossas indústrias não estejam a conseguir competir, o que mais tarde ou mais cedo fará com que todos fiquemos desempregados, o que de facto já se está a verificar (António, 2008). Estas consequências podem vir a ser ainda mais visíveis, segundo Taylor (2006), durante esta década que agora se iniciou, fase em que se prevê que o investimento Chinês no estrangeiro venha mesmo a ultrapassar os atuais 100 biliões de dólares que colocam agora os E.U.A no topo do ranking, a menos que, à medida que o sistema vá amadurecendo, os mercados ocidentais comecem a fechar-lhes as portas caso estes não venham a pagar o que devem às concessionárias de direitos, ou não venham a desenvolver o seu próprio sistema de propriedade intelectual (Portal das Empresas, 2010).

5. O MODELO DE GESTÃO ISLÂMICO

Se formos às bibliotecas de quase todo o mundo verificamos que as preocupações quanto ao estudo da gestão no mapa global mundial incidem quase sempre sobre países ou áreas onde o crescimento económico constitui de alguma forma uma fonte de poder, o que ignora certos contextos ou fatores que nos possam dizer muito a cerca de outros mercados internacionais, que, embora não tão poderosos ou emergentes são também eles importantes para a descrição do mapa global económico onde nos inserimos.

Coloca-se então as seguintes questões: Será que daqui a trinta anos poderemos vir a estar preocupados com a invasão da economia Islâmica (na linha do que fora verificado à vinte anos atrás com o Japão e atualmente com a China)? Será esta economia integrada no sistema económico mundial nos próximos vinte anos? A resposta a estas questões obriga a pensar em termos de longo-prazo, e muito embora não saibamos o futuro, apraz-nos no entanto dissipar algum do nevoeiro que possa existir em termos da realidade que nos rodeia à entrada do terceiro milénio.

Nesta perspetiva, será que existe um modelo Islâmico de gestão e será este alicerçado nas componentes básicas da religião Islâmica? Esta assunção leva-nos a estudar também a operatividade das organizações Islâmicas e a forma como são transportadas as suas abordagens religiosas na construção de um modelo que as caraterize.

Considerando também a gestão do conhecimento Islâmico como uma abordagem válida de proposta na pesquisa da investigação do conhecimento global de gestão (Kazmi, 2003) e uma importante área de pesquisa na vertente académica (Abbasi et al., 2010 b), podemos interpretar a fórmula do modelo de gestão de Abbasi et al. (2010 a) como o verdadeiro alicerce da caraterização de base da gestão das empresas Islâmicas, onde a principal caraterística está de facto relacionada com as bases dos movimentos religiosos Islâmicos, onde prevalecem conceitos como submissão, rendição e obediência, criando ambos um paradigma de gestão único originário há mais de 1000 anos por diferentes credos e etnias que criaram, segundo Mawdudi (1960), um islão próspero, diversificado e feliz, envolto numa linha central religiosa descrita sobre as palavras do Corão e do rei do universo, o todo-poderoso Allah (Abbsi et al., 2010 a).

Ancorado assim nestes pressupostos, e seguindo as instruções do Corão e de Allah, segundo Abbasi et al. (2010 a), o modelo de gestão das organizações Islâmicas focam-se sobretudo sobre fatores como liderança, autoridade, ordem e obediência, sendo neste pressuposto a liderança considerada como o principal elemento de sucesso de gestão (Kvint, 2009) e os líderes como os seus propulsores, refletindo os comportamentos e os procedimentos organizacionais que vão definir a cultura base das suas organizações (Jabnoun, 1994) a partir de conceitos tais como rendição, consagrados no livro sagrado do Corão – Figura 6.

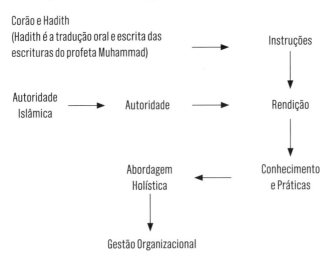

Figura 6 – Modelo de Gestão Islâmico
Fonte: Abbasi et al. (2010 a)

A partir da transcrição do modelo, e seguindo a caraterização das empresas Islâmicas definidas pelos autores (Abbasi et al., 2010 a) a caraterização destas fica intimamente ligada a fatores como aprendizagem permanente, desenvolvimento pessoal e profissional, igualdade equitativa, harmonia e unidade, o que define o modelo como a prescrição de sete diferentes conceitos – Figura 7; humildade, liderança, sinceridade, compromisso e obrigação, confiança, justiça e paciência.

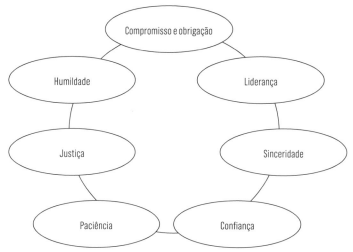

Figura 7 – Os Sete Conceitos Base do Modelo de Gestão Islâmico

- Humildade, pressupondo que as pessoas tenham de estar constantemente abertas para aprender;
- Liderança, considerando o facto de todos os trabalhadores conhecerem as suas responsabilidades e objetivos, sabendo obviamente as consequências sobre os seus atos ou enganos e as suas respectivas repercussões;
- Sinceridade, consistindo esta caraterística num valor absoluto que deve de estar na base estrutural dos seus empregados, mas também de todos os "stakeholders" que participem ativamente no processo organizacional (Abbasi et al., 2010 a);
- Compromisso e obrigação, que promovam o alcançar de uma maior "performance" organizacional (Beekun e Badawi, 1999);
- Justiça, responsável segundo Murphy (1999), por caraterizar um dos elementos principais para fazer cumprir o desempenho individual e coletivo dentro das suas empresas;

- Confiança, sendo este o alicerce que permite alinhar as ações com as palavras definidas pelos líderes e que fazem funcionar o seu sistema organizacional (Abbasi et al., 2010 a);
- Paciência, numa vertente mental permitindo controlar os atos de fúria e outros, numa vertente física, pressupondo que dor seja palavra fora do dicionário, ou como reproduzido por Alhabshi e Ghazali (1994), denominativo da "performance" devocional do sistema, consistindo o suporte de dor e cansaço num dos valores do próprio sistema.

Assim, a partir da abordagem de Abbasi et al. (2010 a), os pressupostos mencionados são o que constitui o todo organizacional Islâmico, envolto sobre uma abordagem holística enfatizada por uma dimensão participativa, sistémica, contingencial e consistente, o que permite às empresas Islâmicas fazer face aos desafios decorrentes da era contemporânea.

A partir ainda da leitura do modelo, o que se pode perceber claramente é que a cultura participativa do profeta Muhammad é transposta para o sistema organizacional das empresas Islâmicas, onde todos têm a possibilidade de participar ativamente no processo de decisão que afeta a organização segundo os padrões da forma de vida do islão, o que invariavelmente resulta em altos níveis de satisfação e envolvimento (Jabnoun, 1994) e no incremento de inovação e eficácia operacional. Ou seja, o programa dá lugar a padrões de cultura que segundo Abbasi et al. (2010 a) promove o sentido de participação ativa de todos e conduz as organizações para maiores níveis de crescimento.

Por outro lado, no sistema Islâmico, as organizações são vistas como um todo (Jabnoun, 1994) e como parte de um ambiente organizacional vasto, onde todos se devem inter-relacionar entre si de forma coerente e consistente entre os diferentes segmentos que as compõem, indo assim ao encontro do que pressupõem as doutrinas Islâmicas, onde educação, sociedade, moral, economia, política e direito (sistema legal) funcionam como um todo sem que um se possa dissociar do outro (Abbasi et al., 2010 a).

Nesta medida, o balanço reproduzido, só é possível de concretizar através do desenvolvimento de uma abordagem contingencial que pressuponha o delinear de planos que acrescentem valor às suas organizações (Jabnoun, 1994), permitindo responder rapidamente e eficientemente a determinadas mudanças que sejam obrigados a enfrentar.

Logo, como resultado de tudo isto, o alcançar dos objetivos individuais só serão possíveis através de consistentes sinergias de trabalho ou por outras palavras do trabalho em equipa, o que pressupõe obviamente sacrifícios que permitam alcançar seguras quotas de mercado e índices de competitividade elevados para o sucesso das organizações onde se inserem as suas atividades.

Em suma, trata-se de um modelo de gestão onde prevalecem a ética, a comunhão de esforços, a liderança, a autoridade, a ordem, a obediência, a harmonia e a unidade, ainda que se fique por entender em que condições tudo isto é operado, quais os sacrifícios a que são sujeitos os trabalhadores e, fundamentalmente, quais as consequências das falhas ou erros que se possam eventualmente ir cometendo no decorrer da sua atividade laboral.

6. O MODELO DE GESTÃO AFRICANO

6.1 ÁFRICA: O NÚCLEO CENTRAL DE NEGÓCIOS FAMILIARES

África tem sido um continente que de forma generalizada tem sido ignorado por parte da classe académica, e isto tem-se devido obviamente aos inúmeros problemas que têm sido vividos nesta parte do globo, em termos sociais, políticos e fundamentalmente económicos.

Ainda que certo tipo de constatações tidas universalmente conotem África a pobreza, crime, corrupção entre outros pressupostos, é importante no entanto perceber que África é um continente distinto de todos os outros, com uma história única e impar na universalidade global que nos constitui, sendo por isso fundamental perceber a conjunção de fatores que levaram a este desfecho. Mas mais importante ainda é perceber como funciona o seu atual sistema, o que pode ser feito para o colocar no caminho de uma economia emergente, e quais as consequências para o mapa global económico a concretizar-se a explosão deste continente e a introdução do mesmo no seio do poder económico mundial.

Em termos meramente descritivos, o continente Africano embora imenso em termos da sua composição territorial apresenta hoje em dia metade da população da Índia, subdividindo-se em 48 diferentes países, o que o carateriza como sendo um continente com uma alta taxa de concentração populacional ao nível das grandes cidades e países que o constituem, acrescentando-se-lhe ainda uma alta densidade etnolinguística e um clima tropical único em termos do paradigma mundial (Khavul et al., 2009).

A diversidade aqui assinalada tem sido de facto um dos maiores problemas deste continente, validando por exemplo custos económicos muito elevados em termos de transporte de mercadorias. Mas, tal como sustentado por Collier e Gunning (1999) a diversidade populacional nem sempre valida um aspeto negativo, mas isto é verdade quando esta realidade não está diretamente associada à falta de democracia, o que não acontece em África. Na verdade, a autocracia e a concentração de poder vivida em quase todos os países Africanos desde que estes conseguiram a sua independência, tem sido o principal fator de desaceleração e a principal causa do seu fraco crescimento económico. Só para que se tenha uma ideia, hoje em dia África detém metade dos cidadãos pobres contabilizados em todo o mundo, sobrevivendo com cerca de dois dólares por dia ou menos que isso (Khavul et al., 2009).

Dando como exemplo dois países da África Central (África negra – Kenia e Uganda) e contabilizando-os a partir da obtenção da sua independência da Grã-Bretanha no inicio dos anos de 1960, estes muito embora tenham conseguido a sua liberdade face aos colonos dessa altura, nunca conseguiram até hoje dissociar-se do legado opressor das antigas ditaduras coloniais, sendo que a antiga autoridade colonial permanece agora nas mãos de tribos minoritárias que prestam suporte aos governos centrais, dando-lhes estes acesso a educação e emprego como troca pela prestação destes serviços.

Estes dois exemplos são típicos daquilo que se passa não só no Kenya e no Uganda, mas em quase todo o continente Africano. Dando estes dois países como exemplo, estima-se segundo dados de Khavul et al. (2009) que 36 milhões de pessoas (42% da população) no Kenya e 30 milhões de pessoas (50% da população) no Uganda, estejam atualmente abaixo dos 14 anos, em países onde a expectativa de vida está abaixo dos 55 anos.

Este tipo de estatísticas, podem desta forma levar a que muitos especuladores tenham a premissa de pensar que estudos de gestão em África possam não interessar face a este tipo de contextualização, o que na verdade é um erro crasso, pois na verdade África apresenta uma grande oportunidade no contexto internacional para o estudo dos negócios familiares sobre as mais diversas dimensões (Zahra, 2007), tendo em conta que a forma dominante de negócios nesta região do mapa é dominada por um tipo de negócio maioritariamente familiar (Bruton et al., 2008).

Nesta perspetiva, e antes mesmo de entrar num campo de análise mais detalhado há cerca do que pode ser feito para a projeção de África em dinâmicas competitivas que lhes permitam evoluir interna e externamente, importa assim caraterizar um pouco melhor África em termos da sua estrutura empresarial tal como o fez Fatchamps (1994), descrevendo o continente Africano como que um núcleo enorme de negócios familiares, composto sobretudo por microempresas de caráter informal até 5 empregados, não licenciados, não registados e onde por norma não se pagam quaisquer impostos de caráter formal.

A partir da conjuntura de Fatchamps (1994), pode assim dizer-se que o continente Africano está fundamentalmente associado a uma imagem de ilegalidade, exploração, evasão e atividade criminal (Portes e Haller, 2005), o que implica que grande parte dos seus processos de produção, distribuição e produção final estejam maioritariamente envoltos num tipo de atividade criminal ilícita.

Embora obviamente não se possa incluir todo o sistema organizacional Africano nos pressupostos enunciados pelos autores, a verdade é que muito do que aqui é reproduzido é uma realidade inquestionável, sendo que a maioria dos países Africanos aparecem no topo mundial da atividade ilícita e do mercado negro. Só para que se tenha uma pequena ideia, as atividades ilícitas em países como os E.U.A rondam os 9%, em países como o Zimbabwe, o Kenya e o Uganda, estes valores atingem os 60%, 34% e 43%, respectivamente (Schneider, 2005), valores estes muito longe do considerado sustentável para a criação de uma economia competitiva.

6.2 O MODELO AFRICANO MAIS DISTINTO: ÁFRICA DO SUL

De todos os países Africanos, o mais desenvolvido em termos sociais e económicos e, onde a atividade ilícita é menos elevada é a África do Sul. Para muitos o país Africano que mais se assemelha aos traços culturais e organizacionais Europeus e Norte-Americanos, embora ainda longe de números expectáveis que o coloquem entre as principais economias do mapa global.

Focando assim a análise em termos da gestão empresarial da África do Sul e só para que se possa ter uma pequena ideia em termos de numerologia, a África do Sul embora seja um dos países com maior taxa em termos de atividade empreendedora em todo o continente Africano, apresenta ainda assim valores consideravelmente abaixo da média mundial em cerca de 2% com uma percentagem de 7,8% (Herrington et al., 2009), tendo ainda uma taxa de sobrevivência das suas empresas, fundamentalmente PME, que 75% das vezes falem nos primeiros dois anos de vida (Von Broembsen et al., 2005), sendo que as que conseguem sobreviver, o fazem fundamentalmente com base na sua dependência relativamente à banca.

Esta situação leva assim a que a criação de novas PME na África do Sul seja uma das mais baixas a nível mundial (Olawale e Smit, 2010), o que por sua vez conduz também a taxas de desemprego que em 2009 rondavam cerca de 25% (Statistics South Africa, 2009).

Tentando analisar o porquê destes resultados, Thawala e Phaladi (2009), a partir de um estudo realizado a mais de 50 PME neste país, encontraram como principal razão para este desfecho a falta de uma gestão empresarial efetiva, devendo-se isto à necessidade que os seus empresários têm para que sejam eles próprios a gerir e medir as linhas do seu negócio, fazendo face à impossibilidade de poderem aumentar os seus custos operacionais.

Na verdade, muito embora o governo Sul-Africano tenha de certa forma tentado contribuir para este problema através de programas de cariz financeiro, a verdade é que estas soluções se têm mostrado ineficazes, isto porque os problemas de raiz continuam a subsistir, nomeadamente a gestão inadequada das suas finanças, a inabilidade para garantir crédito dos seus fornecedores, a dependência de empréstimos bancários com juros altíssimos que lhes estão associados, a impossibilidade de admissão de trabalhadores competentes, a falta de capacidade de empreendedorismo, a falta de uma formação adequada, a falta de capacidades técnicas, financeiras, contratuais e de gestão geral, e ainda, o atraso nos pagamentos pelos serviços prestados (Thawala e Phaladi, 2009), facto este, constatado também por Croswell e McCutcheon (2001) no início da década de 2000 e sem qualquer evolução até hoje, o que por sua vez coloca o país numa situação concorrencialmente desfavorecida e, dada a sua leitura histórica, sem possibilidade de desenvolvimento de qualquer plataforma que lhe permita equacionar outros níveis de desenvolvimento.

Segundo Thwala e Phaladi (2009), a situação na África do Sul, como aliás em todo o continente Africano é crítica, sendo imprescindível um maior esforço governamental na alteração do atual contexto empresarial, através fundamentalmente de politicas ou programas de desenvolvimento organizacional que assegurem contributos para o seu sucesso organizativo, combinando diversos fatores, tais como, a introdução de capacidade de negócio (pesquisa de mercado, introdução de objetivos, empregabilidade de pessoal qualificado), capacidade de gestão, capacidade de negociação, maior acessibilidade ao crédito, introdução de premissas que validem o equacionamento de pagamentos adiantados por parte dos clientes, preparação para análises custo-benefício, preparação para realização de planos orçamentais e, suporte financeiro de dados diários, semanais, mensais e anuais, tudo isto fatores críticos que podem ser considerados chave em termos de sucesso e alavancagem empresarial.

6.3 COLOCAR ÁFRICA NO CAMINHO DE UMA ECONOMIA EMERGENTE

No seguimento da mesma linha de pensamento de Thwala e Phaladi (2009), segundo Tustin (2010), a preocupação das empresas Africanas deve assim incidir sobre um programa específico que permita construir novos caminhos e crenças que possam resultar no incremento de uma maior saúde e bem-estar financeiros do seu sistema, principalmente em áreas rurais pobres, e em aspetos como, estrutura de mercado, controlo de preços, taxas de inflação, desemprego, regulamentação governamental, política monetária, trocas comerciais internacionais, análise de qualidade e preço nas decisões de compra, orçamentação, gestão de empréstimos e de créditos e, na própria transposição do campo teórico para o campo prático em termos técnicos e comportamentais. Ou seja, a chave está numa atuação governamental ativa.

Tal como Tustin (2010) e Thwala e Phaladi (2009), também Olawale e Smit (2010) consideram a atuação governamental a chave de alteração de mentalidades e das próprias práticas existentes no contexto ambiental Africano, mencionado não apenas algumas das sugestões destes, mas incluindo outras tantas que remetem para a criação de uma atitude mais positiva, nomeadamente através da implementação de programas de formação, capacidade empreendedora, formação de "networks", realização de seminários, reformulação da sua estrutura legal (tornando-a mais eficiente principalmente contra crimes cometidos contra empresas e negócios), introdução de melhorias de acesso ao crédito, facilitação das transações comerciais e prazos de pagamentos, criação de unidades de negócio (à luz do que é realizado em países como a Alemanha ou o Japão), um maior uso da internet e, capacidades técnicas no âmbito informático, pois só assim, segundo os autores, se conseguirão criar condições para a manutenção dos negócios e para a criação de novas empresas, sustentabilidade e competitividade nacional.

Esta visão retrata o que sucintamente é defendido por Olawale e Smit (2010) quando mencionam que "só a promoção do pequeno e médio negócio promoverá a sustentabilidade e crescimento Africanos, pois este é o único caminho para a criação de emprego e diminuição do desemprego", o que consequentemente reabilitará a sua atividade económica, com todas as consequências positivas que daí podem resultar.

Em suma, ainda que a crise mundial iniciada em 2008 tenha afetado África, nomeadamente ao nível do seu volume de exportações, o pior impacto em termos da falta de desenvolvimento vivida neste continente deveu-se aos seus próprios problemas internos, problemas estes resultado de sistemas não sofisticados e de estratégias éticas e de gestão empresarial limitadas, cabendo por isso à classe política e aos seus governos centrais a responsabilidade sobre a alteração de tais dimensões, (1) quer em termos políticos, éticos, de liderança e da própria responsabilidade no que concerne à implementação de uma maior estabilidade política, (2) quer em termos de uma efetiva governabilidade, (3) de um maior rigor em termos de regulamentação (leis), (4) de um maior controlo sobre a corrupção, (5) de investimento em qualidade (Kaufmann, 2005) e infraestruturas (desenvolvimento de instituições financeiras, parceiros de negócio), (6) de uma política fiscal mais agressiva, (7) da implementação de medidas em termos de cariz macroeconómico e monetário, (8) de ajuda a setores de negócio e indústrias que padeçam de uma maior vulnerabilidade a fim de se verem melhorados os seus índices de competitividade (Dorasamy, 2010), (9) de facilitação no que diz respeito ao acesso a mais informação por parte das PME, (10) de incremento de melhores competências em termos de gestão, (11) de fomentação do trabalho em rede, (12) de criação de condições para que sejam ministradas técnicas, comportamentos e atitudes para a conquista de maiores índices de produtividade (Hellriegel et al., 2008; Rudez e Mihalic, 2007), (13) sem esquecer o combate ao crime e os efeitos colaterais que daí podem sempre resultar (Olawale e Smit, 2010).

7. CONCLUSÃO

A questão principal que orientou este capítulo foi a seguinte: Serão os países Africanos, Islâmicos e todos aqueles que possam emergir pelos "quatro cantos do mundo" capazes de fazer destronar o mundo capitalista liderado pelos E.U.A, Europa, China e Japão, como hoje os conhecemos?

As abordagens a este assunto têm variado entre posições céticas e outras mais encorajadoras. Para os céticos, os países menos desenvolvidos estão simplesmente interessados em obter capital dos denominados "big four" para enriquecer certos grupos de elite, que uma vez satisfeitos não estão interessados no desenvolvimento dos seus mercados, o que vai ao encontro de alguns modelos de gestão e de determinadas caraterísticas adotadas por alguns países através da transcrição das políticas governativas levadas a cabo pelos seus governantes e empresários. Para os encorajadores, países emergentes como a Índia, Rússia ou Brasil têm resolvido os seus problemas através da transferência de conhecimento, preocupando-se fundamentalmente em desenvolver a sua competitividade, o que tem servido como fonte de inspiração para traçar o seu próprio percurso rumo ao seu desenvolvimento económico.

O movimento de capitais que tem sido deslocado de determinadas economias para outras, as reformas levadas a cabo pelos países desenvolvidos para fazer face à crise económica iniciada em 2008 e, o desenvolvimento crescente dos países emergentes, têm de facto colocado o ponto de interrogação sobre como construir um modelo de gestão que possa ser diferenciador em aspectos fulcrais que permitam a construção de políticas económicas sustentáveis que promovam competitividade. Se é que esse modelo existe.

Flexibilidade laboral, diminuição das iniquidades regionais, fontes mais económicas de obtenção de recursos, melhoria dos transportes, sistemas financeiros, descoberta de novos mercados para os produtos, informação, ou quaisquer outros vetores que possam estimular as economias, são hoje assuntos na ordem do dia e que podem determinar condições que permitam estimular o crescimento económico.

Desenvolver novas ideias em termos científicos e tecnológicos, apresentou-se até hoje como algo moderno e o fator que permitiu o crescimento das principais economias mundiais nas últimas décadas, mas será apenas esta a caraterística diferenciadora destas economias? Por outro lado, o que estão todas as outras economias a fazer para diminuir o fosso até hoje existente entre as diferentes realidades económicas mundiais?

Embora este capítulo ilustre apenas os modelos de gestão Anglo-
-Saxónico, Germânico, Chinês, Japonês, Islâmico e Africano (fundamentalmente ligado à sua economia mais emergente – África do Sul), pretende-se
abrir uma nova perspetiva de estudo que possibilite que todos aprendam
com todos e, que seja uma fonte de inspiração para alguns países poderem
resolver determinados problemas que têm em mãos através do conhecimento que tenham dos diferentes modelos de gestão existentes.

Pretendem-se por isso que se continue a estudar todos os restantes modelos de gestão existentes no mundo, de forma também a que
se possa abrir uma nova história nas escolas de gestão portuguesas
(António et al., 2011), ensinando os modelos de gestão mundiais que
caraterizam a nossa sociedade global.

Capítulo II
Controlo de Gestão: Uma Abordagem Integrada do que é Controlar

1. A EVOLUÇÃO HISTÓRICA DO CONCEITO DE CONTROLO DE GESTÃO

Muito embora haja indícios de que os conceitos sobre controlo de gestão fossem já utilizados há muitos séculos atrás, foi no início do século XX que estes conceitos se tornaram amplamente conhecidos através dos trabalhos de Taylor em 1906 (1967), Emerson (1912), Curch (1913) e Fayol em 1916 (1949), principalmente o primeiro e o último, ambos engenheiros, cujos trabalhos são ainda hoje reconhecidos como algo que influenciou de forma marcante a gestão e o estudo das organizações de todo o mundo, e isto durante mais de meio século.

Fayol (1949) foi mesmo considerado o pai da gestão científica, partindo do princípio que existiam leis imutáveis que regiam os sistemas de controlo de gestão, nomeadamente em torno dos conceitos planear, organizar, coordenar e controlar. Para Fayol, controlo era visto como a verificação de tudo o que está a acontecer de acordo com o previamente planeado. Neste capítulo também Taylor associa as ideias de Fayol à experiência prática, ainda que introduzisse como pontos básicos das suas ideias a inclusão de incentivos financeiros e a separação das tarefas de planeamento entre o responsável e quem executa, suprimindo aqui o individualismo e a espontaneidade hoje em dia tão badaladas em termos laborais.

Esta é hoje vista como parte da denominada escola clássica das organizações, e ainda que fosse já empregue o termo controlo a nível organizacional, não levavam em conta aspetos motivacionais, nem tão pouco estatísticos e financeiros como os requeridos nas sociedades económicas atuais.

Outro autor que também ofereceu uma grande contribuição para o estudo do controlo de gestão foi o economista e sociólogo alemão Max Weber (1922), que estudou o poder das organizações, distinguindo três tipos de poder, a autoridade carismática, o poder baseado na tradição e o poder burocrático, este último baseado num contrato jurídico de aceitação de normas legais que objetivavam o alcance da eficiência e que deram origem ao fenómeno hoje debatido como controlo burocrático.

A partir dos anos 1930 é criada então uma nova abordagem de ver as organizações, aparecendo no contexto empresarial os movimentos humanistas defendidos pela escola da administração científica, sobressaindo historicamente o nome de Elton Mayo (1933) e da sua equipa da escola de Harvard, principalmente nos trabalhos que levaram a cabo na fábrica de Hawthorne da Western Electric em Chicago, provando que a produtividade estava relacionada não somente com ideias racionalizadoras como as proferidas por Taylor (1967), mas também por outros valores e motivações muito além dos unicamente materiais. As ideias de Mayo vieram contribuir assim com um novo efeito de visão organizacional, que a partir da década de 1960 veio a ser discutida como o fenómeno da sociologia industrial.

Mas, ainda que Taylor, Fayol, Weber ou Mayo possam ainda hoje ser considerados os pioneiros no desenvolvimento da pesquisa relativa à temática do controlo de gestão, muitos outros estudiosos foram importantes no desenvolvimento desta componente, pois foram autores como Urwich (1928), Davis (1928), Glover e Maze (1937), Rowland (1947), Dent (1953), Holden et al. (1941) e Goetz (1949), os primeiros a desenvolver os verdadeiros planos de referência nesta área, procurando por um lado identificar os princípios de controlo de gestão, por outro explicar os instrumentos e métodos de controlo de avaliação de "performance", e por outro associar os conceitos de planeamento, orçamentação, coordenação e, definição e delegação de autoridade aos princípios base de controlo de gestão.

A partir destas novas visões, o sistema de controlo de gestão pode operar não só para a organização como um todo, mas também para um segmento, um projeto ou recurso, ou ainda algum aspeto de interesse organizacional, passando os elementos essenciais do processo de controlo de gestão a ser os planos e relatórios de "performance", a identificação e diagnóstico dos problemas e a elaboração de diretrizes para a ação corretiva.

No desenvolvimento dos vários planos de referência tidos por vários autores, também Hofstede (1967) constrói a sua tipologia de controlo de gestão baseada em seis tipos de controle, o político, o julgamental, o intuitivo, o relacionado com a tentativa ou erro, o técnico e o rotineiro.

Assim, como qualquer corrente na área de gestão empresarial, também esta evoluiu ao longo das várias décadas e, sem sombra de dúvida, Johnson e Kaplan (1987), vieram dar um significativo contributo no que ao desenvolvimento desta componente de gestão diz respeito, passando então em revista os principais tópicos que ainda hoje são discutidos na atualidade, tais como, competitividade, globalização, satisfação dos clientes e "empowerment"[6], associando simultaneamente as abordagens puramente financeiras a algo ultrapassado que necessita de um ajustamento adequado às novas realidades do meio ambiente contemporâneo no desenvolvimento de mecanismos flexíveis de gestão.

De toda esta corrente evolutiva e na sequência dos vários paradoxos dos dias de hoje, o controlo de gestão passou então a ter como objetivo conseguir realizar a estratégia das entidades pelo desenvolvimento de instrumentos práticos de gestão concebidos com os gestores e para os gestores. Desta forma, torna-se necessário iniciar um trabalho com base numa série de ideias-chave que permitam entrar de imediato na análise dos tópicos mais técnicos com uma ênfase concetual e prática que privilegie o ponto de vista empresarial sobre as preocupações dos especialistas, respondendo de certa forma ao que Jordan et al. (2008) intitula como controlo de gestão, ou seja, o esforço permanente que deve ser realizado pelos principais responsáveis das empresas para atingir os objetivos fixados.

2. O CONTROLO DE GESTÃO E OS PRINCIPAIS ASPETOS DA "PERFORMANCE"

Com base no conceito de controlo de gestão de Jordan et al. (2008), em que os autores referem que o controlo de gestão é um esforço permanente de todos os gestores organizacionais, podemos concluir que toda a

---

[6] Enpowerment consiste na delegação de poder de decisão e autonomia a um conjunto de funcionários dentro das fronteiras organizacionais das empresas, dando flexibilidade a equipas e indivíduos para tomar decisões sobre as mais diversas atividades.

organização deve acompanhar o que se vai passando na empresa, sendo totalmente da sua responsabilidade a distribuição de instrumentos de pilotagem a qualquer elemento dos diferentes níveis de gestão da sua estrutura organizacional, o que vem realçar a necessidade de que um sistema de controlo de gestão (1) deva estar ligado a um sistema de incentivos ilustrado em números, mas também em comportamentos, (2) ter em conta o passado, mas também o futuro, (3) providenciar informação financeira, mas também não financeira, (4) estar ligado à gestão de topo e intermédia, mas também operacional.

O verdadeiro controlo deve desta forma estar ligado à delegação de autoridade, a aspetos motivacionais, à busca de respostas e ao privilegiar da ação com vista à fomentação de responsabilidade e compromisso por parte de todas as divisões ou áreas de trabalho, procurando-se desta forma um alinhamento das empresas na persecução de um objetivo único estabelecido por estas aquando da formulação das suas estratégias.

Os gestores estarão neste sentido a motivar toda a organização na criação de valor a partir de duas premissas básicas, comunicação e alinhamento. Realça-se aqui por um lado, a importância do conhecimento sobre o que os rodeia dentro do seu seio organizacional, e por outro, a focalização da informação no que é fundamental ou relevante. Para isso à que personalizar essa mesma informação às necessidades de cada um no momento certo e oportuno e sobretudo gerar informação isenta de erros grosseiros que possam deturpar a sua análise aquando da tomada de decisão (informação fiável).

Gerir significa orientar e motivar todos os membros da organização por forma a conseguir a melhor "performance" a vários níveis, promovendo a comunicação e o alinhamento das iniciativas à estratégia das organizações

---

As expectativas de valor devem neste sentido de estar centradas na criação de valor para os múltiplos "stakeholders" das empresas através de métricas de "performance" em múltiplas perspetivas, comtemplando acionistas, clientes, gestores, credores e estado.

Ou seja, o importante é garantir a convergência entre as iniciativas individuais e organizacionais, selecionar apenas o que é critico para a entidade, ter uma visão integrada dos resultados e das atividades desempenhadas, comparar em permanência o realizado com o planeado usando métricas coerentes e com visão integradora e, concentrar esforços nos "geradores de valor", tais como, clientes com elevada rentabilidade, notoriedade de serviços, produtividade e índice de satisfação dos colaboradores, prémios de incentivos, capacidades inovadoras nos serviços prestados aos clientes, seleção dos melhores fornecedores, forças de venda, prazos médios de pagamentos e sistemas de descontos, todos estes inseridos naquilo que se pode identificar como os cinco principais aspetos da "performance" – Figura 8.

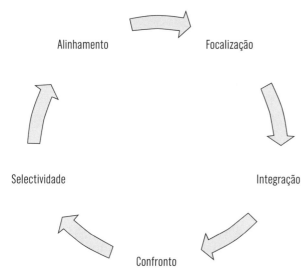

Figura 8 – Os Cinco Principais Aspetos da "Performance"

3. O CONTROLO ESTRATÉGICO E OPERACIONAL

3.1 O PROCESSO DE MEDIÇÃO DE VALORES E "PERFORMANCE"

Na verdade, os gestores devem funcionar como agentes motivadores de criação de valor para as organizações, embora em muitos dos casos sejam exatamente o contrário, ou seja, funcionem como agentes de distribuição. Neste pressuposto é fácil também percecionar que as empresas devem estar orientadas e motivadas para as pessoas e para a obtenção da melhor "performance" e desempenho, e esta situação obtém-se através da promoção de comunicação e alinhamento. Na verdade o que se constata em muitos dos casos das empresas nacionais é que esta situação não é sequer equacionada. Segundo pude perceber através dos vários contatos que tive com os mais diversos gestores de empresas nacionais, não existem muitas preocupações neste âmbito, sendo claramente percetível que a gestão das empresas é unicamente analisada a partir de estatísticas mensais de caráter financeiro refletidas no seu "Tableau de bord" mensal, o que retrata uma abordagem já ultrapassada face às novas exigências do mercado. Hoje em dia há que garantir o alinhamento e promover comunicação para poder fazer com que se instale uma iniciativa pessoal das pessoas à organização, e esse é um dos segredos para o sucesso empresarial.

Para garantir esse mesmo alinhamento as empresas têm de ser dotadas de conhecimento, sendo simultaneamente necessária informação relevante focalizada no fundamental, pois o excesso de informação também desinforma. No caso das empresas portuguesas muito do que se constata é exatamente o contrário, pois assistimos a uma gestão assente numa análise puramente de base matemática com recurso a estatísticas mensais onde são apenas considerados dados como volume de negócios, análise de custos (exploração, estrutura e operacionais) e margens. Ainda por cima todas estas análises são caraterizadas por serem tardias e completamente desenquadradas com a realidade atual, sendo estas realizadas em média um mês e meio após a sua ocorrência, o que faz com que a correção das anomalias e desvios relativamente ao estipulado possam na maioria das vezes levar a uma impossibilidade na resolução dos mais diversos problemas.

Ou seja, hoje muito do que se vê em Portugal reflete um controlo de gestão com base em informação estandardizada e não personalizada, quando a informação deve estar sempre disponível no momento da tomada de decisão com base em conceitos personalizados nas diferentes áreas em análise, quer diariamente, semanalmente ou mensalmente consoante os casos. Ainda assim, há que ter em atenção também que esta abordagem deve estar isenta de erros grosseiros e que um dos seus objetivos deverá passar também pela sua melhoria ao longo dos tempos, melhoria esta, que só se conseguirá fundamentalmente através da aprendizagem com eventuais erros que se possam ter cometido.

Informação relevante não é mais do que criar valor para os "stakeholders", sendo que este valor deverá estar ligado aos múltiplos interessados no bom desempenho da empresa. Esta situação só se consegue obter através de métricas de "performance". Ainda assim, tem que se ter em atenção que os "stakeholders" têm expectativas diferentes e não se pode analisar tudo na mesma métrica. Em cada circunstância há expectativas diferentes a analisar (métricas diferentes). A métrica de valor tem ainda de depender da razão de ser, logo, essencialmente, terá de estar sempre ligada à missão das empresas, pois é esta que define as grandes orientações da empresa, as metas e objetivos concretos e que indicará neste caso o que se quer ser e como se irá medir.

A título exemplificativo pode-se procurar saber quais as expectativas dos clientes (porque que saiu determinado cliente). Mas não só, tem de se trabalhar e criar valor para todos os seus "stakeholders" através:

- Da criação de métricas de caráter financeiro para os seus acionistas;
- Da realização de análises de rentabilidade dos seus clientes, pois tem de se saber claramente quais os clientes que são rentáveis;
- Da criação de métricas para os colaboradores que permitam colocar as competências destes ao serviço da organização;
- Da criação de valor para os seus credores, pagando a tempo e horas por exemplo, pois a cadeia de valor começa em fornecedores fortes, pessoal qualificado e "know-how".

Mas as metas não se ficam por aqui. Por exemplo, no sentido de criar valor para os fornecedores pode ainda ser implementado o conceito de "confirming". Esta situação é muitas vezes utilizada para casos de projetos de obras, mas podia muito bem ser aplicada num conceito empresarial. Ou seja, criar uma linha de crédito entre a empresa e um banco que permita o pagamento das faturas dos fornecedores a 90 dias, possibilitando na mesma medida que o fornecedor possa receber essa quantia ao fim de um mês pagando durante os dois meses seguintes juros sobre esse valor em condições muito vantajosas. Neste caso estarão de facto a criar valor para os seus fornecedores, pressupondo-se para estes que trabalho bem feito significará dinheiro em caixa e a possibilidade de ter acesso ao crédito de forma facilitada a uma taxa de juro mínima de menos de 1%. Da mesma forma será uma mais-valia para a empresa, pois poderá selecionar os fornecedores mais fortes dando-lhes as condições excepcionais atrás enumeradas.

3.2 A IMPLEMENTAÇÃO DE VARIÁVEIS-CHAVE

Outro dos fatores importantes nos dias de hoje e, tal como já havia sido apresentado no ponto anterior, passa também pela garantia de alinhamento na prossecução de maior convergência entre iniciativas individuais e colectivas, como por exemplo, o bom atendimento dos colaboradores no sentido de cativar os clientes e ter as equipas alinhadas com o papel da organização. Nesse sentido, as empresas deverão ainda focalizar-se e selecionar sempre o que é crítico, convertendo por exemplo os seus objetivos em seis informações chave – Figura 9.

Figura 9 – As Seis Informações Chave para Persecução dos Objetivos Organizacionais
Fonte: Adaptado de Jordan et al (2008)

Tendo em conta que os objetivos de qualquer organização assentam fundamentalmente em aspetos fulcrais como alcançar excelentes resultados financeiros, aumentar a quota de mercado, atingir o máximo de qualidade competitiva, inovar em termos de prestação de produtos e serviços e melhorar o clima organizacional, sugere-se por isso que as seis variáveis de ação anteriormente identificadas para persecução desses mesmos objetivos devam ser sempre consideradas no âmbito organizacional.

3.3 A CONCEÇÃO DE INDICADORES DE GESTÃO

Noutro âmbito de análise, muito do que nos é dado a constatar no ambiente empresarial português é que a estrutura das nossas empresas está assente na maioria das vezes em bases funcionais clássicas caraterizadas por falta de descentralização e autonomia dos vários setores que a compõem. Neste capítulo recomenda-se claramente que seja implementada uma visão integrada de resultados de caráter horizontal, deixando de lado a gestão funcional verticalizada que faz parte da sua composição na maioria das vezes. Ou seja, há que procurar acima de tudo envolver os recursos humanos (direção administrativa), as finanças, o marketing, a manutenção e as diferentes unidades operacionais numa conjunção de aprendizagens única em que todos os elementos participem diretamente. Mas para isso devem existir métricas de confrontação de "performance" passada e atual, por forma a prever-se com alguma segurança o futuro e, como não poderia deixar de ser, concentrar esforços nos "value-drivers", como por exemplo, colaboradores com elevado índice de satisfação, clientes com elevado índice de rentabilidade ou notoriedade de serviços.

Por outro lado esta falta de descentralização e autonomia, caraterizada por falta de coerência e sem qualquer visão futurista, pode perfeitamente ser combatida pelos diversos diretores gerais que as compõem através do ajustando do orçamento à estrutura de responsabilidades da empresa, construindo um instrumento de descentralização coerente com a implementação da estratégia. Nesta medida, o diretor geral deverá fixar os objetivos globais da empresa e participar na fixação dos objetivos dos centros de responsabilidade.

Resumidamente, não deverá existir apenas um orçamento na empresa, mas sim um conjunto de orçamentos (um por cada centro e sub-centro de responsabilidades – não centro de custos como são denominados na empresa) que vão sendo consolidados por estrutura até se agrupar nos documentos sintéticos da empresa – balanço, demonstração de resultados e orçamento de tesouraria. Neste contexto, todos os centros de responsabilidade têm de cumprir resultados e ao mesmo tempo têm poder de decisão dentro do seu âmbito (incluindo planos contingenciais), funcionando como uma microempresa dentro da própria empresa onde muito embora não sejam tomadas decisões financeiras podem ser executadas todas as outras de âmbito operacional. Neste campo o controlador de gestão terá um papel fundamental, nomeadamente o de ser o animador deste processo, devendo motivar e apoiar os responsáveis hierárquicos na elaboração dos seus planos de atividade, proporcionando-lhes as informações necessárias e disponíveis e os instrumentos técnicos para a sua fácil concretização.

Ainda neste enquadramento, a autonomia pode também ser combatida através da atribuição de tarefas e responsabilidades às diversas áreas (unidades) da empresa, permitindo que cada um dos seus gestores possa administrar as suas próprias atividades. Dentro destas atividades podem ser selecionadas as seguintes ações:

- Negociar pessoalmente os preços de compra;
- Negociar condições de crédito;
- Realizar a escolha de SKU's no caso dos produtos de restauração;
- Selecionar eventos (conferências, encontros);
- Escolha pessoal de animadores recreativos;
- Promoções no alojamento e nos serviços recreativos.

Mais uma vez, pode aqui constatar-se que o alinhamento é um conceito fundamental de gestão e é necessário encadear (desdobrar) procedimentos e definir onde se quer chegar (objetivos). Quando não se definem bem as orientações não se sabe para onde caminhar e as repercussões de tais deficiências surgem logo ao nível dos colaboradores, fazendo com que se deixe de contar desde logo com estes, sobretudo os mais pró-ativos, ou seja, aqueles que esperam mais da empresa.

Por exemplo, se se pretender reduzir o capital do investidor (face a uma análise às contas da empresa), todos têm de estar cientes desse fator, até mesmo um fiel do armazém da parte de restauração, pois este também faz parte da estratégia, podendo reduzir o stock em armazém e fazer uma melhor gestão das suas existências.

Por outro lado, é fundamental arranjar meia dúzia de orientações estratégicas e focalizar-se nelas. Por exemplo, é fundamental motivar pessoas [mas sem que se esqueçam os objetivos (onde chegar) e os correspondentes objetivos intermédios], trabalhar com bons fornecedores, ou até mesmo, caso seja possível, estabelecer por exemplo que um terço dos custos de determinado investimento em investigação e desenvolvimento possam estar sobre a forma de contratos. Ou seja, todos os aspetos cujo fim seja o de acrescentar valor à organização têm sempre de ser considerados e levados em linha de conta.

No levantamento do que tenho vindo a falar até aqui, também as alterações devem ser repercutidas ao nível estatístico. Hoje, mais do que em qualquer outro momento da evolução empresarial, as empresas devem eliminar o mais possível a análise estatística e focalizar-se em indicadores (poucos mas bons), centrando-se e focalizando-se nas ações e iniciativas a implementar e nos respectivos resultados que se pretendam alcançar. É impreterível perceber, que numa economia de consumo, o objetivo é a redução de consumos e não de custos, ou seja, tem de se olhar mais para os resultados do que para os custos. Aqui podem ser implementadas ações tais como, ter bons profissionais no sentido de melhorar a "performance", criar mecanismos para cativar bons gestores e, premiar esses mesmos gestores, pois esses prémios são apenas parte de uma grande fatia do que eles trazem para a empresa, e tudo isto se transforma em indicadores de "performance".

Então que modelo implementar? Como é que se pode medir? Mais à frente abordarei este tema com mais detalhe, ainda assim, é importante reter que tem de se implementar um modelo que permita fazer uma medição em multi-perspetivas (análise multidimensional), como que de um "scorecard" se tratasse – Figura 10.

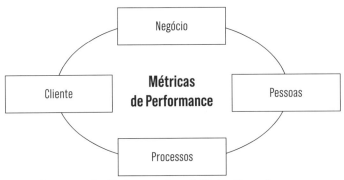

Figura 10 – Integração: "Performance" em Múltiplas Dimensões
Fonte: Adaptado de Jordan et al (2008)

Sendo o negócio o lugar de sustentação das empresas, a medição do negócio deve ser tida em conta como a medição primordial, e aqui são várias as opções que as empresas podem delinear para que percebam se determinado negócio lhes dá dinheiro ou não, o que numa definição ampla se pode fazer através da utilização da medição em termos de notoriedade e dimensão, ou seja, através do volume de negócios.

Ainda assim, a empresa necessita ainda de ser avaliada na óptica dos clientes, tentando que haja uma orientação para os objetivos e não para os meios. Tem portanto de se perseguir resultados, tais como, o aumento do volume de negócios com o cliente, o aumento da satisfação dos clientes, entre outros fatores.

Por outro lado o foco deve incidir também sobre as pessoas. Neste capítulo tem de se ter em linha de conta que a motivação e evolução não se compra e as empresas neste sentido têm de cuidar deste bem precioso analisando indicadores de sucesso tais como, qualificação, satisfação e inovação, colocando assim de parte apenas indicadores como a análise da taxa de absentismo como normalmente acontece nas empresas onde o objetivo orçamental constitui a sua preocupação fundamental.

Por último, e não menos importante, têm de se medir processos. A falta de planeamento gera stress e provoca a sensação de que não se faz nada, por isso há que planear bem os serviços, delinear como executá-los e reorganizar processos, economizando dias e focalizando-se no que é mais importante que são os clientes. Como se pode calcular a utilização desta orientação estratégica em termos de "performance" terá repercuções enormes.

Muitos dirão, é fácil descrever tal orientação, muito mais difícil será a sua implementação face a existência de possíveis entraves derivados da organização funcional de muitas empresas, que podem criar resistências e na prática fazer com que a comunicação não funcione. Na verdade isso mais do que um facto constitui uma realidade, mas, cruzar os braços pressupõe riscos muito maiores para a organização, e neste pressuposto há que trabalhar na implementação de uma lógica de processos que leve a uma melhoria significativa de comunicação e "performance". Ou seja, o ideal será deixar essa estrutura funcional muitas vezes carregada de chefias e passar a haver mais estruturas transversais como por exemplo processos de prospecção de clientes – proposta, faturação e cobrança do cliente.

3.4 O CONCEITO DE SEGMENTAÇÃO

Nesta medida, e face ao que tem vindo a ser apresentado, há então que implementar métricas de "performance" financeira, ou seja indicadores que nos possam dar uma perspetiva de como está a ser gerido o negócio.

Numa óptica de negócio, sugere-se assim que seja seguido o conceito de segmentação, ou seja, dependendo do setor, deve procurar-se saber os diferentes resultados por área, por produto, por projeto em curso, por iniciativa, por curso e/ou por programa, que contribuam para a criação de valor. Na mesma medida, embora noutro contexto, não se devem esquecer também por exemplo métricas de valor que avaliem os stocks ou o crédito a clientes, pois muitas vezes utilizam-se apenas métricas de análise de vendas que destroem valor e que aparentemente podem transformar um produto aparentemente lucrativo em algo ruinoso, exigindo muitas vezes que tenham de ser libertadas margens comercias incomportáveis.

É importante frisar aqui também e tendo em conta uma perspetiva de mercado em que o principal indicador está sempre ligado ao tipo de cheque que os clientes nos deixam, que outros dos indicadores que poderão ser analisados também, pode incidir nas siglas "cheque do cliente com cobertura, transferências ou cash". Em vez de se gastar o tempo e dinheiro a analisar custos internos, o melhor será também gastar dinheiro nos mercados externos, nomeadamente através da análise de rentabilidade dos clientes (ver as taxas de rentabilidade independentemente das vendas). Ou seja, há que colocar a ênfase nos clientes geradores de valor, e este tipo de gestão ajudará certamente as empresas a segmentar-se e posicionar-se. Nesta medida têm de se analisar resultados por mercado, por categoria de clientes, por cliente ou por canal de distribuição. Em suma, as empresas têm de deixar a ideia de uma gestão por centro de custos e implementar o conceito de centro de geração de valor.

A óptica de processos aqui implícita envolve então que se deixem de lado os tradicionais departamentos, dando lugar a uma gestão por processos, seguindo uma linha de orientação há muito utilizada pelas empresas Americanas cujas áreas administrativas são muito simples e a grande aposta incide sobe a vertente de produção. Ou seja, há que implementar aqui dois conceitos chave, nomeadamente saber o que se anda de facto a fazer, e depois, ver quanto é que custa por exemplo visitar um cliente, errar um relatório, processar um documento na contabilidade, ver a rentabilidade de ter na empresa viaturas próprias, entre outras questões fundamentais para uma gestão de excelência.

Numa última análise, há que responsabilizar também as pessoas pelos resultados realizados, para isso à que segmentar e analisar estes mesmos resultados por centros geradores de resultados, por equipas e até mesmo analisar as pessoas de forma isolada. Neste último caso, é como que analisar vários centros de resultados e isto é possível a partir de tecnologia de informação atual, a chamada informação segmentada por pessoa.

Em suma, as empresas devem deixar de lado os seus modelos caraterizados fundamentalmente pelo peso que acarretam, muito ligados a economias industriais e muitas das vezes prejudiciais às empresas (divisão por centros de custo) e focalizar-se mais num sistema multidimensional que nos indique os rendimentos e os custos associados a cada um dos centros de geração de valor.

É pertinente neste contexto a implementação de um modelo de contribuição (por outputs) que possa ter em consideração aspetos fulcrais de gestão, tais como:

- Quantificar em que medida os proveitos ou as vendas geram valor;
- Elaborar propostas do tipo; o que se cobra para efetuar a fatura ou os tempos de execução de cada vendedor (colaborador de atendimento ao público);
- Quantificar os recursos utilizados em clientes, como por exemplo estandardizar os custos por fichas técnicas de custos ou serviços e obter os proveitos e custos associados;
- Analisar o crédito de fornecedores e clientes, pois todo o negócio tem a ver com margens (investimentos e créditos nada tem a ver com o negócio);
- Investir em ativos passivos ("stocks" e "stocks" de segurança, prazos médios de pagamento);
- Segmentar o ativo económico por tipo de produto e tipo de cliente;
- Analisar a rentabilidade dos clientes (margem de contribuição bruta, liquida e residual). Muitas das vezes determinados segmentos podem não criar prejuízo, mas as expectativas podem não estar a ser remuneradas de acordo com o estipulado e consequentemente não estar a acrescentar valor à empresa.

3.5 GESTÃO DE INFORMAÇÃO NÃO-FINANCEIRA

Em boa verdade, gerir só com informação financeira pode gerar riscos. Nesse sentido, as empresas tem que estar simultaneamente ligadas a uma avaliação da "performance" baseada também em informação não financeira e neste capítulo são inúmeros os contextos que podem ser levados em consideração na geração de valor organizacional nesta matéria, tais como; gerar valor com base na estratégia (ainda que isto possa validar a não geração de lucros fáceis), clientes satisfeitos, pessoal motivado, processos céleres, "stocks in time", cumprimento rigoroso de prazos de entrega, sistema de incentivos por equipas de trabalho, boa consistência entre a gestão e a informação de caráter fiscal, boa gestão da situação com a banca e ainda, por exemplo, gerar informação de fácil interpretação e de caráter não financeiro que possa abranger todos os intervenientes na estratégia da empresa.

Quem pensar que será de todo difícil a implementação de tais diretrizes está muito enganado. Na verdade, todas estas medidas retrospetivas são facilmente implementadas num "Tableau de Bord" ou num "Balanced Scorecard" e dão-nos perspetivas de futuro, ao contrário do que acontece com as métricas de caráter financeiro. É por esse mesmo motivo que ambas devem ser consideradas em simultâneo na gestão e tomada de decisão de qualquer tipo de empresa.

3.6 O PAPEL DO CONTROLO DE GESTÃO (PREOCUPAÇÕES)

Toda e qualquer empresa deve ter no seu contexto estratégico como uma das suas principais preocupações a implementação de um tipo de controlo de gestão que saiba responder às múltiplas perspetivas de "performance". Com base nisso, há que alinhar comportamentos, avaliar "performances", analisar orçamentos, focar-se no fundamental (os seis magníficos) e sobretudo em objetivos diversificados, tais como, qualificação, satisfação e resultados financeiros, bons copilotos "controllers" e excelentes gestores e, fundamentalmente, focalizar sempre as suas tomadas de decisão com base em impactos futuros numa perspetiva de longo-prazo. Noutra perspetiva, há ainda que definir resultados, focalizar-se no futuro, levar as pessoas a uma prática consentânea, ter práticas efetivas ligadas à estratégia da organização e garantir o alinhamento.

Mas, para implementar estas medidas tem de saber conduzir e, nessa medida, a condução deve estar implícita em três aspetos base:

- Utilização de instrumentos técnicos indicadores da "performance" da empresa. Num mundo em constante transformação os simples planos operacionais de médio-prazo estão desatualizados e os orçamentos apenas nos permitem obter informação de curto-prazo. A empresa tem por obrigação que implementar um "Balanced Scorecard" que permita monitorizar eficientemente o seu negócio com um conjunto de indicadores que transcrevam as suas necessidades em termos de controlo;

- Preocupação com o alinhamento dos gestores, convergindo interesses numa única orientação, sendo que uma boa gestão de incentivos pode resolver esta situação. Para além disso é prioritário definir a forma de organização da empresa, quer esta seja por equipas, por processos, ou qualquer outra que seja considerada adequada. Não deve também ser esquecido neste contexto a forma como serão avaliados os gestores e ter em consideração no futuro os preços de transferência interna, sendo que esta situação só será realizável após a implementação de todas as políticas que se têm vindo a descrever e quando de facto se consegue chegar a uma plataforma ideal de descentralização;

- Promoção de informação interna com base em negociação de objetivos, de meios e de ações corretivas e, análise e interpretação de resultados. A título exemplificativo se se pretender comercializar um produto novo, os gestores da empresa têm de negociar por exemplo com a administração os objetivos de cumprimento do prazo de entregas, a equipa comercial a utilizar, a periodicidade de garantia aos clientes. Devem ter ainda ferramentas que lhes permitam analisar se os objetivos estão a ser cumpridos e possuir bons "controllers" que identifiquem fatores internos ou externos que ajudem de facto os gestores a negociar medidas corretivas.

Outra das preocupações do controlo deve passar também pela monitorização da gestão e orientação para a criação de valor. No entanto esta temática só se obtém com clareza de processos, nomeadamente com auditorias realizadas por gente independente e que possa estar focada não apensas em resultados. Deve estar aqui implícita uma partilha de mais-valias para ambas as partes, acionistas e administração. Para isso os administradores devem receber prémios altos sobre resultados e ações da própria empresa e os acionistas devem ser informados sem qualquer assimetria de informação, o que por outras palavras significa que devem ter acesso a todas as informações que servem de base à condução da empresa por parte da administração.

3.7 INFORMAÇÃO FINANCEIRA PARA A GESTÃO

Quando analisadas a maioria das empresas a laborar em Portugal, o que nos é dado a constatar é que a monitorização que utilizam no seu processo de controlo se focaliza muito em sistemas uniformes de contabilidade "sistema uniforme", cujos "outputs" estão assentes fundamentalmente na comparação da sua atividade com as restantes correntes deste setor e diretamente com outros estabelecimentos, volume de negócios e análise de custos e margens fornecidas pelo departamento operacional.

Aqui, neste capítulo, é fundamental diferenciar a contabilidade geral associada a informação global e contabilidade de gestão, isto porque esta última informa para a gestão e tomada de decisão ao contrário da primeira. Muitas empresas, ainda se regem hoje me dia apenas por processos contabilísticos numa lógica apenas contabilística em que os resultados gerados acabam por confundir e enganar os gestores.

Na verdade, as necessidades contemporâneas estão desenquadradas com esta visão, pois hoje em dia tem de se utilizar uma orientação para a realidade de cada gestor e ter uma visão integrada deste tipo de informação, sendo ela orientada para o conceito de valor numa perspetiva integrada de caráter financeiro, económico e monetário. É com base nesta perspetiva que as empresas têm de se reger, isto se quiserem concorrer de forma competitiva num ambiente extremamente difícil em termos de disputa empresarial e em constante mutação.

Face ao exposto, a recomendação é de que sejam definidos indicadores financeiros que permitam identificar o valor criado, por cada centro, sub-centro e por negócio, para o acionista. Estes indicadores, em especial em cada centro, devem incorporar o gasto de capital subjacente ao investimento do acionista e o capital entregue. Sugere-se portanto a adoção de métricas do tipo Economic Value Added (EVA) ou margem de contribuição residual (MCR). Ou seja, a principal preocupação deve incidir sobre qual a MCR por centro e sub-centro.

Com vista a organizar esta informação (financeira - gastos, rendimentos e ativos económicos) sugere-se assim a implementação de uma contabilidade de gestão multidimensional, identificando resultados para três dimensões de análise; negócio por centros de responsabilidade e atividades com base em perspetivas económicas, monetárias e financeiras – Figura 11.

Numa perspetiva económica há que apurar o resultado contabilístico na demonstração de resultados. Esta relação deduz-se com base

Figura 11 – Modelo de Contabilidade de Gestão Multidimensional
Fonte: Jordan et al. (2008)

no diferencial entre proveitos e custos (resultados antes de impostos) e obviamente incidindo sobre este valor o imposto sobre o rendimento.

O objetivo da perspetiva monetária é sabermos se o saldo das nossas disponibilidades é positivo ou negativo com base na relação entre recebimentos e pagamentos. Estes valores são refletidos também na demonstração de resultados

Numa perspetiva financeira há que ter em conta três aspetos base, avaliar a autonomia financeira, o custo médio de financiamento e a capacidade do negócio em gerar valor económico – valor acrescentando económico (VAE/EVA).

No que diz respeito à autonomia financeira esta obtém-se através do rácio entre ativo e capital próprio, sendo que o capital próprio não é mais que a relação entre o ativo e o passivo. Estes dados são calculados a partir da consulta à demonstração de informação financeira.

Relativamente ao custo médio de financiamento este não é mais do que a taxa de custo de capital. Aqui o resultado obtém-se através da consulta ao balanço económico e com base na fórmula transcrita na figura 12.

A partir daqui, as empresas terão acesso ao custo inerente ao capital que vai ser consumido em cada setor (centro ou sub-centro) ou atividade.

Ainda assim, ainda que todas as análises anteriormente identificadas nos possam dar um apoio excelente em termos de controlo e tomada de decisão, qualquer análise não deverá deixar de incluir uma avaliação à capacidade do negócio em termos de criação de valor de forma a saber se de facto determinado negócio é remunerado de acordo com as expectativas criadas, podendo aqui a análise ser aplicada sobre multi-perspetivas, nomeadamente, rendibilidade de cada cliente, mercado, serviço ou unidade de negócio – Figura 13.

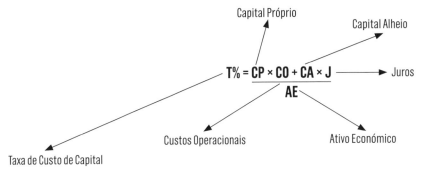

Figura 12 – Fórmula de Cálculo da Taxa de Custo de Capital

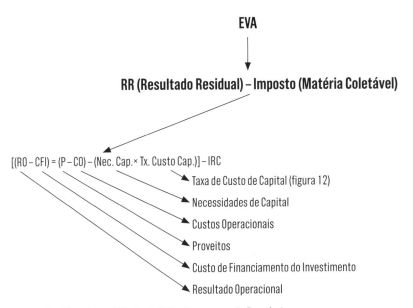

Figura 13 – Fórmula de Cálculo do Valor Acrescentado Económico

4. A IMPLEMENTAÇÃO DE UM "BALANCED SCORECARD"

4.1 O SISTEMA DE MEDIÇÃO DE "PERFORMANCE"

A perceção é forte e a visão é fraca. Em estratégia, é importante ver o que está distante como se estivesse próximo e ter uma visão distanciada do que está próximo. A frase de Miyamoto Musashi, um herói nacional do Japão, retrata uma orientação muito simples. Encarar a gestão organizacional baseada apenas no conhecimento do passado é apenas um meio de melhorar as decisões futuras. Um sistema de informação do tipo "feedback" baseado em elementos históricos, deve nesta perspetiva ser relegado para segundo plano a favor de um controlo do tipo "feedforward" baseado em ações prospectivas alicerçadas em projeções de impactos futuros de medidas corretivas.

Numa economia de forte competitividade, torna-se assim necessário uma permanente atenção dos gestores à forma como estão a decorrer as suas atividades e em que medida a estratégia da empresa está a ser realizada ou comprometida.

O paradigma empresarial pressupõe por isso que as empresas pratiquem estilos de gestão modernos e orientados para a estratégia, o que requer (1) uma maior capacidade de planeamento das empresas para que se possa agir no longo-prazo, (2) uma análise objetiva do que as rodeia no dia-a-dia tentando evitar a subjetividade inerente à proximidade, (3) a importância na concentração em ativos intangíveis difíceis de mensurar e avaliar, (4) a importância de um verdadeiro sistema de avaliação de desempenho que permita efetivamente acompanhar e avaliar a implementação da estratégia promovendo alinhamento, motivação e comunicação.

É importante por isso, que as empresas adotem modelos de gestão que as auxiliem a traduzir a sua estratégia em objetivos operacionais que as permitam direcionar para determinados comportamentos e desempenhos e, que vão muito para além da contabilidade analítica a que muitas empresas recorrem para proceder ao controlo da sua atividade.

Informação retardada com espaços temporais de um mês, relatórios muitas vezes pesados, falta de informação sobre perspetivas não-financeiras, falta de controlo diário sobre a atividade operacional dos colaboradores, falta de informação sobre o mercado, focalização na "performance" financeira de curto-prazo e, sistemas de incentivos normalmente associados à "performance" financeira de curto-prazo descurando outras medidas, são apenas alguns exemplos da existência de estratégias bem definidas que colocam em causa o estabelecimento de prioridades estratégicas – Figura 14 – essenciais à eficiente condução de qualquer organização.

Um sistema de medição de "performance" deve por isso medir esforços passados com medidas que determinem desempenhos futuros (através do equilíbrio entre dados financeiros e não financeiros), conter a visão estra-

Figura 14 – Barreiras à Eficiente Condução de qualquer Organização

tégica precisa da empresa através de objetivos precisos e ações concretas, escolher indicadores concretos que possam efetivamente estimular a ação a partir da leitura dos mesmos, fazer o equilíbrio entre medidas de curto e longo-prazo e indicadores externos (acionistas e clientes) e internos (processos, inovação e aprendizagem), utilizar métricas como qualidade, satisfação dos clientes e inovação e, servir essencialmente para influenciar comportamentos que conduzam ao estabelecimento de compromissos para construção de uma cultura organizacional forte.

Assim, medir a "performance" organizacional é centrarmo-nos em três funções muito básicas. Comunicar a estratégia a toda a organização, alinhar as ações com os objetivos estratégicos e medir efetivamente o desempenho organizacional. Ou seja, o controlo deve ser por isso centrado numa combinação equilibrada entre indicadores de desempenho que traduzam a missão, que traduzam dados financeiros e não financeiros e, que traduzam um olhar interno sobre os processos e externo sobre o mercado e os clientes, o que apenas é possível de conseguir a partir da visão global e integrada do desempenho organizacional sobre quatro perspetivas, financeira, do cliente, dos processos e, inovação e aprendizagem – Figura 15.

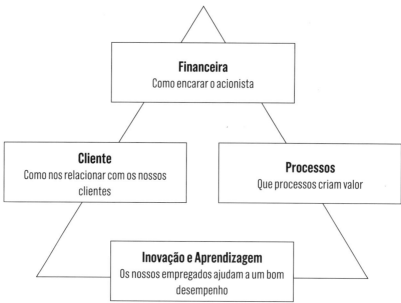

Figura 15 – O "Balanced Scorecard" mede a "Performance" em 4 Perspetivas
Fonte: Adaptado de Kaplan e Norton (1992)

4.2 A ORIGEM DO CONCEITO "BALANCED SCORECARD"

Os estudos que deram origem ao conceito "Balanced Scorecard" tiveram origem num estudo levado a cabo pela empresa de auditoria, consultoria e fiscalidade KPMG a 12 grandes empresas Norte-Americanas na década de 1990, dada a necessidade destas em poder explorar mais do que dados contabilísticos e financeiros que face à evolução da competitividade do mercado organizacional não permitiam por si só criar valor efetivo ao seu desempenho.

Kaplan e Norton, dois conhecidos professores da "Harvard Business School", apercebendo-se do potencial deste mesmo estudo, usaram-no como base para o trabalho conjunto que desenvolveram nessa época, culminado em 1992 no artigo que veio permitir a introdução do "Balanced Scorecard" no meio empresarial.

O artigo publicado pela "Harvard Business Review", intitulado de "The Balanced Scorecard: Measures that Drives Performance" em 1992, e mais tarde o livro "The Balanced Scorecard: Translating Strategy into Action em 1996, vieram assim dar a conhecer um conceito altamente inovador de medição de "performance" no âmbito empresarial, dando lugar à introdução da mensuração também de ativos intangíveis, destacando-se nesse âmbito o valor da marca.

O "Balanced Scorecard" pretende assim ser na prática, uma ferramenta que associe atividades de curto-prazo e objetivos de longo-prazo e, um sofisticado instrumento que permita relacionar as operações e o negócio, o que permite conferir às atividades um perfeito alinhamento entre estas e a estratégia da empresa, traduzir a visão estratégica, ligar departamentos, áreas e colaboradores, fomentar uma comunicação perfeita, planear eficientemente com base em objetivos suportados pelas opções estratégicas escolhidas e, conferir aos utilizadores a capacidade de ajustar constantemente as assunções causa-efeito na procura da excelência – Figura 16.

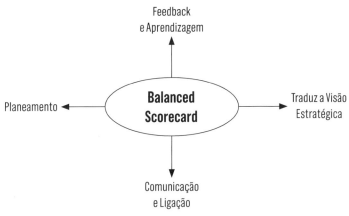

Figura 16 – A Metodologia "Balanced Scorecard" na Prática

4.3 A CONCEÇÃO DA METODOLOGIA "BALANCED SCORECARD"

A partir de todos os dados até aqui demonstrados fica claramente evidente que hoje em dia é impossível realizar um controlo de gestão com base apenas em contabilidade analítica, validando isto que a assunção de tais políticas tenham por base uma análise muito restrita sobre um espectro básico ligado apenas a resultados obtidos de forma demorada, minuciosa, detalhada e exaustiva, e que, invariavelmente pressupõe a leitura de resultados contabilísticos disponíveis num prazo superior a um mês ou mais.

As necessidades recentes requerem desta forma resultados de modo quase permanente, ou pelo menos muito mais rápidos, de forma a permitir aos gestores uma ação muito mais eficiente. Estas necessidades requerem assim instrumentos rápidos e leves só possíveis de obter através da implementação de instrumentos como o "Balanced Scorecard".

Conceber um sistema de "Balanced Scorecard" será um dos primeiros passos de implementação do sistema de controlo de gestão para qualquer empresa. Em todo o caso, a conceção deste sistema não pode ser obra de um só controlador de gestão nem de uma equipa de especialistas em controlo de gestão, devendo ser um trabalho conjunto que associe os gestores operacionais e os controladores de gestão.

Nesse sentido, a implementação de um "Balanced Scorecard" é essencial por forma a contemplar as atividades de todos os centros de responsabilidade da empresa com a respectiva identificação de objetivos e correspondentes variáveis-chave, procurando que cada setor tenha um número limitado de indicadores (apenas os mais importantes) que permitam agir mais rapidamente e eficazmente sobre qualquer aspeto da sua atividade.

De forma simples este instrumento de controlo de gestão irá assumir o papel de avaliador de desempenho e ao mesmo tempo de gestor estratégico, permitindo ligar os indicadores de "performance" à estratégia, proporcionando aos gestores uma visão alargada e integrada de desempenho possibilitando a ligação do controlo operacional à visão e à estratégia, a fim de clarificar as relações de causa-efeito em que se acredita e focalizar a atenção dos gestores no que é mais critico.

Um excelente exemplo das perspetivas de causa-efeito que permitem proporcionar um equilíbrio entre os objetivos de curto e longo-prazo e analisar resultados desejados e efetivamente obtidos numa perspetiva financeira, de clientes, de processos internos e de aprendizagem e desenvolvimento organizacional, podem ser visualizados a partir da figura 15. No entanto, ainda que este exemplo seja extraordinariamente identificativo deste paradigma, é importante que se tenha sempre em conta que será necessário fornecer sempre a cada gestor instrumentos que o ajudem a avaliar o seu desempenho, pois cada área (financeira, administrativa, marketing, manutenção e direções regionais) terá de ter os seus próprios indicadores. Assim, para este efeito, poderão até existir na empresa vários "Balanced Scorecards" que permitam analisar o comportamento de cada setor ou área dentro da própria empresa relacionando as diferentes especificidades de cada segmento.

4.4 AS RELAÇÕES CAUSA-EFEITO E O MAPA ESTRATÉGICO

Como tem vindo a ser demonstrado, o "Balanced Scorecard" representa a transcrição de um instrumento que auxilia a tradução da visão e missão da organização num conjunto coerente de objetivos estratégicos, fatores críticos de sucesso e indicadores de desempenho que servem para alinhar as iniciativas operacionais com os objetivos estratégicos.

A sua implementação pressupõe por isso a definição de uma cadeia de relações de causa-efeito entre cada uma das perspetivas definidas para a análise que se pretende realizar, e entre indicadores de resultados e indicadores de desempenho, ou seja, entre os "fins" e "objetivos" – lado da procura, e os "meios" e "planos" – lado da oferta (Lopes da Costa, 2011). Esta identificação é assegurada pela elaboração de um esquema onde são representadas as relações de causa e efeito que se acreditam poder assegurar um eficiente controlo do que efetivamente se está a fazer, denominado de mapa estratégico da organização – Figura 17.

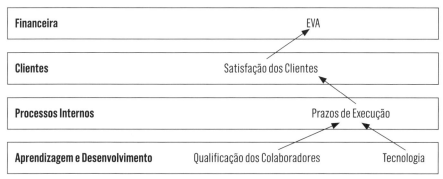

Figura 17 – Exemplo de um Mapa Estratégico
Fonte: Jordan et al. (2008)

Como demostrado por Jordan et al. (2008) neste exemplo e, tendo como referência o indicador EVA (perspetiva financeira) as relações causa-feito sugerem a seguinte sequência de objetivos a alcançar. (1) Para alcançar um valor EVA positivo há que em primeira mão conseguir obter elevados índices de satisfação por parte dos clientes relativamente aos produtos e/ou serviços prestados pela empresa (perspetiva de mercado). (2) Contudo, para que se consiga obter um elevado índice de satisfação dos clientes é necessário fazer cumprir escrupulosamente os prazos de execução – entrega, realização (perspetiva dos processos internos). (3) No entanto, prazos de execução cumpridos validam o uso de alta tecnologia e pessoal com um tipo de qualificação que permita assegurar altos índices de desempenho, o que remete a análise para questões do âmbito do desenvolvimento organizacional (perspetiva de aprendizagem, inovação e desenvolvimento).

Este tipo de relações causa-efeito, conjuga portanto indicadores de resultados e de processos ou meios em simultâneo, que quando relacionados, constituem uma importante base de apoio à tomada de decisão. Este tipo de relação permite assim fazer a ligação entre questões do foro operacional e estratégico a partir de uma cadeia de relações, assumindo-se esta metodologia como altamente diferenciadora no âmbito do controlo organizacional, podendo ser utilizada por grandes organizações, por PME, por empresas com fins lucrativos, ou quaisquer outras que pretendam colocar a questão do controlo apenas em determinadas especificidades próprias face aquilo que é estritamente necessário.

4.5 AS QUATRO PERSPETIVAS DO "BALANCED SCORECARD"

Como anteriormente mencionado, Kaplan e Norton (1996), propõem que o acompanhamento do desempenho se desenvolva segundo quatro perspetivas de análise, sendo que reconhecem que qualquer destas se deva ajustar à missão e opções estratégicas de cada organização – figura 15, e que representem relações de causa-efeito na construção de um mapa estratégico que proporcione um equilíbrio perfeito entre objetivos de curto e longo-prazo.

4.5.1 A PERSPETIVA FINANCEIRA

A perspetiva financeira, também conhecida como a perspetiva do acionista, tem como objetivo elaborar um plano de ação específico de natureza essencialmente financeira, por forma a que se possa dar a conhecer aos principais interessados em que medida a "performance" da empresa está a rentabilizar o capital investido por estes. A análise desta perspetiva deve por isso permitir mostrar como a empresa está através da focalização nas suas diferentes unidades de negócio, focalizado sob três aspetos básicos, crescimento, rendibilidade e criação de valor – Figuras 18 e 19.

Figura 18 – Os Objetivos Principais da Perspetiva Financeira

Estruturar um conjunto de fatores críticos que nos ajudem a encarar o investidor e escolher um conjunto de indicadores de "performance" na perspetiva financeira nem sempre é fácil. É por essa razão que a elaboração de um conjunto de folhas de medição de "performance" assume um papel primordial neste contexto. Cada medida deve por isso ter um título que possa captar a essência do que se mede e que possa ter em conta o propósito, o objetivo da medida, o "target", a fórmula, a frequência, quem mede, quem faz uso da medida, qual a origem dos dados e o que fazem de facto. Na figura 20 será ilustrado o exemplo de uma folha de "performance" da medida de retorno do capital investido (ROI).

O conjunto de todos estes indicadores, são portanto a base sobre a qual muitos membros administrativos em assembleia geral se colocam à disposição dos acionistas anualmente para que possam ser analisados os resultados da sua ação. Em termos muito sintéticos são referenciados na figura 21 os principais fatores críticos e possíveis indicadores de "performance" desta perspetiva.

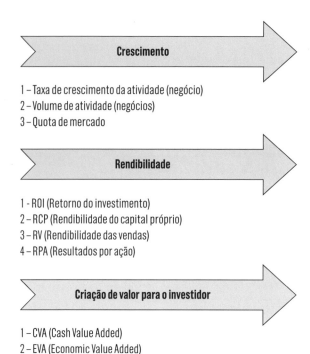

Crescimento
1 – Taxa de crescimento da atividade (negócio)
2 – Volume de atividade (negócios)
3 – Quota de mercado

Rendibilidade
1 - ROI (Retorno do investimento)
2 – RCP (Rendibilidade do capital próprio)
3 – RV (Rendibilidade das vendas)
4 – RPA (Resultados por ação)

Criação de valor para o investidor
1 – CVA (Cash Value Added)
2 – EVA (Economic Value Added)
3 – RL (Resultado Liquido) e nível de custos ou esforço financeiro do investidor

Legenda:

ROI = Lucro líquido/Investimentos – representa o retorno que determinado investimento oferece.

RCP = Resultados Líquidos/Capitais Próprios – mede a capacidade dos capitais próprios da empresa em gerar retorno financeiro.

RV – Consiste em estabelecer relações entre contas e agrupamentos de contas do balanço e de demonstração de resultados entre outras grandezas económicas – avalia se os capitais investidos são remunerados e reembolsados de modo a que as receitas superem as despesas de investimento e de funcionamento.

RPA – são os resultados por ação, ou seja, os resultados que a empresa produziu num dado período (trimestre, ano) divididos pelo número de ações emitidas em circulação dessa empresa (ações que a empresa emitiu para representar o seu capital social, e que não recomprou).

VAB = Vendas (POC 71) + Prestações de Serviços (POC 72) + Proveitos Suplementares (POC 73) + Trabalhos para a Própria Empresa (POC 75) – Custo das Mercadorias Vendidas e das Matérias Consumidas (POC 61) – Fornecimentos e Serviços Externos (POC 62) – Outros Custos e Perdas Operacionais (POC 65)........ é o resultado final da atividade produtiva no decurso de um período determinado. Resulta da diferença entre o valor da produção e o valor do consumo intermédio, originando excedentes.

Figura 19 – Os Objetivos Principais da Perspetiva Financeira (indicadores de "performance")

Título da medida	Retorno do capital investido (ROI)
Propósito	Importante para correlacionar com o "working" capital
Relacionado com	Necessidade do negócio providenciar remuneração adequada aos acionistas
Target	Conseguir um rácio superior a 20% a partir do ano 2012
Fórmula	(resultados depois de juros e impostos/capital liquido investido) * 100
Frequência	A ser medido mensalmente. A ser revisto trimestralmente.
Quem Mede	O Sr. José Lopes. Diretor Financeiro
Origem dos Dados	Balancete Mensal
Quem faz uso da Medida	Sr. José Freitas. Diretor de operações. Sra. Irene da Silva Costa, Diretora de vendas
O que fazem	Gerem as existências finais; gerem os custos da operação; gerem os custos dos produtos; revêm margens do negócio
Notas e comentários	

Figura 20 – Folha de "Performance" da Medida ROI

	Fatores críticos de sucesso	Indicadores de desempenho	1	2	3	4
Perspetiva Financeira	Crescimento Expandir o negócio	– Taxa de crescimento da atividade (negócio) – Volume de atividade (negócios) – Quota de mercado				
	Rendibilidade	– ROI (Retorno do investimento) – RCP (Rendibilidade do capital próprio) – RV (Rendibilidade das vendas) – RPA (Resultados por ação)				
	Criação de valor Capacidade para criação de valor para o acionista	– CVA (Cash Value Added) – EVA (Economic Value Added – RL (resultado liquido) e nível de custos				

Figura 21 – Principais Fatores Críticos e Indicadores de "Performance" do "Balanced Scorecard" segundo a Perspetiva Financeira

Legenda:
1 – "Previous"
2 – "Target"
3 – "Status"
4 – "Indicador"

Fonte: Adaptado de Jordan et al. (2008)

4.5.2 A PERSPETIVA DE MERCADO

A perspetiva de mercado, conhecida como perspetiva dos clientes, tem como objetivo contribuir para uma melhor consolidação da relação com os clientes, permitindo alcançar os objetivos financeiros de forma sustentada. A análise desta perspetiva deve por isso levar em linha de conta a satisfação dos clientes, mas também a sua lucratividade, o que nos leva também à necessidade de analisar indicadores de rentabilidade. Esta análise deve por isso estar focalizada em quatro aspetos de base, retenção, fidelização, rentabilidade e satisfação – Figuras 22 e 23.

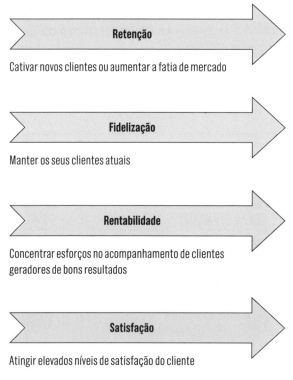

Figura 22 – Os Objetivos Principais da Perspetiva de Mercado

Mais uma vez, estruturar um conjunto de fatores críticos que nos ajudem a lidar com o cliente e escolher um conjunto de indicadores de "performance" na perspetiva de mercado é etapa essencial no desenvolvimento da construção de um "Balanced Scorecard", sendo primordial estruturar um conjunto de folhas de medição de "performance" com os

Figura 23 – Os Objetivos Principais da Perspetiva de Mercado (indicadores de "performance")

aspetos principais de cada título de medida. A figura 24 mostra o exemplo da folha da medida de "performance" reclamação de clientes.

Ou seja, é inquestionável que de todos os elementos exteriores, o cliente é o que tem sempre maior preponderância, pois a empresa não pode estar no mercado sem a existência destes. Tudo depende das suas opções de consumo. O objetivo passará sempre pela perceção do valor percebido pelo cliente relativamente à oferta, o que leva a que seja essencial a análise de indicadores que tenham em conta os atuais e potenciais clientes. Em termos muito sintéticos, são indicados na figura 25 os principais fatores críticos e possíveis indicadores de performance na perspetiva do cliente.

Título da medida	Reclamações dos clientes
Propósito	Entender quais os aspetos da performance que perturbam os clientes para que se possa melhorar o serviço
Relacionado com	A necessidade do negócio satisfazer os seus clientes e de os reter para o futuro
Target	Conseguir uma quota de reclamações de 1% até ao final de 2012
Fórmula	(Número de reclamações dos clientes/número de ordens de encomendas enviadas para os clientes) * 100
Frequência	A ser medido e revisto mensalmente
Quem Mede	O Sr. Francisco Simão. Diretor de serviços a clientes
Origem dos Dados	Sistema de reclamações de clientes
Quem faz uso da Medida	O Sr. Francisco Simão. Diretor de serviços a clientes
O que fazem	Analisa queixas por processo chave; assegura que os donos do processo conduzem análises causais sobre as queixas e tomam ações corretivas; determina tendências
Notas e comentários	

Figura 24 – Folha de "Performance" da Medida Reclamações de Clientes

	Fatores críticos de sucesso	Indicadores de desempenho	1	2	3	4
Perspetiva de Mercado	Melhorar a satisfação dos clientes	– Índice de satisfação (inquéritos) – Tempos de espera – Reclamações				
	Grau de fidelização dos atuais clientes	– Taxa de crescimento do volume de negócios nos clientes atuais – Número de clientes por ano "repeat buyers"				
	Capacidade de inovação na oferta / Aquisição de novos clientes	– Número de ofertas diferenciadoras de mercado – Quota de mercado – Volume de negócios de novos clientes				
	Rendibilidade	– EVA (Economic value Added) – RCV (Rendibilidade de vendas/cliente)				

Figura 25 – Principais Fatores Críticos e Indicadores de "Performance" do "Balanced Scorecard" na Perspetiva do Cliente

Legenda:
1 – "Previous"
2 – "Target"
3 – "Status"
4 – "Indicador"

Fonte: Adaptado de Jordan et al. (2008)

4.5.3 A PERSPETIVA DOS PROCESSOS INTERNOS

Assegurar a análise de um conjunto de atividades relacionadas com os processos de cada negócio que levem ao cumprimento dos objetivos estabelecidos em termos financeiros e de mercado, passa pela identificação das capacidades e recursos necessários para aumentar a qualidade dos serviços prestados pela organização em toda a sua cadeia de valor (Lopes da Costa, 2011).

Então, quais as atividades ou processos internos que garantem vantagem competitiva de forma a assegurar maiores índices de capacidade face à concorrência? Kaplan e Norton (1996) consideram que a empresa deve ter em linha de conta a existência de um modelo genérico de cadeia de valor, (1) que inclua o processo de inovação na pesquisa das necessidades dos clientes e criação do produto/serviço para sua satisfação, (2) que garanta a qualidade da oferta através da otimização do processo operacional, (3) que cuide do relacionamento com o cliente através de um serviço que acompanhe o consumidor após a venda do produto e/ou serviço. A análise desta perspetiva deve por isso ser focalizada na organização, racionalização, qualidade e, eficiência e eficácia – Figuras 26 e 27.

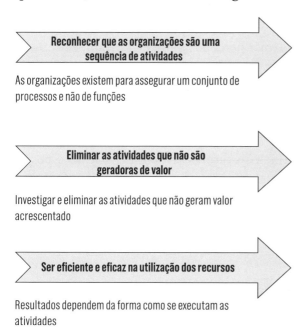

Figura 26 – Os Objetivos Principais da Perspetiva dos Processos Internos

Figura 27 – Os Objetivos Principais da Perspetiva dos Processos Internos (indicadores de "performance")

Os gestores devem desta forma focar a sua atenção nas atividades críticas que ajudem a melhor gerir os seus processos e nos indicadores de "performance" que ajudem a perceber onde é efetivamente criado valor. O título da medida absentismo dos trabalhadores (Figura 28) deve por isso servir de base para a construção de um conjunto de folhas de medidas de "performance" nesta perspetiva, por forma a estabelecer um conjunto de análises que possam captar a essência daquilo que é fundamental medir.

De forma sucinta, os principais fatores críticos de sucesso e possíveis indicadores de "performance" nesta perspetiva são ilustrados na figura 29.

2 · CONTROLO DE GESTÃO: UMA ABORDAGEM INTEGRADA DO QUE É CONTROLAR

Título da medida	Absentismo dos trabalhadores
Propósito	Entender qual o nível e as causas do absentismo dos trabalhadores da empresa, quaisquer que sejam os grupos profissionais
Relacionado com	A necessidade do negócio se tornar mais produtivo, procurando que os prémios de "performance"/produtividade comecem a inverter a atual situação
Target	Conseguir um absentismo inferior a 2 dias por cada 250 dias de trabalho
Fórmula	(Número de ausências/Número de dias trabalhados) * 100
Frequência	A ser medido e revisto mensalmente
Quem Mede	O Sr. Jorge Costa. Diretor de Recursos Humanos
Origem dos Dados	Sistema de gestão dos serviços
Quem faz uso da Medida	Todos os diretores de primeira linha e donos dos processos
O que fazem	Analisam as faltas dos trabalhadores que lhes estão afectos e procuram justificar e propor medidas que corrijam a situação
Notas e comentários	

Figura 28 – Folha de "Performance" da Medida Absentismo dos Trabalhadores

	Fatores críticos de sucesso	Indicadores de desempenho	1	2	3	4
Perspetiva dos Processos Internos	Racionalizar Eliminação de atividades não geradoras de valor	– Custo unitário dos produtos				
	Análise de Eficiência Optimização de recursos	– Produtividade – Taxa de utilização da capacidade – Absentismo				
	Qualidade Assegurar elevados índices de aceitação dos produtos/serviços	– Taxa de rejeições				
	Organização Reconhecer que as organizações são uma sequência de atividades Melhorar prestação de serviços	– "Lead time" / prazos de execução – Tempos de espera – Reclamações				

Figura 29 – Principais Fatores Críticos e Indicadores de "Performance" do "Balanced Scorecard" na Perspetiva dos Processos Internos

Legenda:
1 – "Previous"
2 – "Target"
3 – "Status"
4 – "Indicador"

Fonte: Adaptado de Jordan et al. (2008)

4.5.4 A PERSPETIVA DO DESENVOLVIMENTO ORGANIZACIONAL

Analisar os resultados passados, procurando a sua justificação de forma a traçar projeções futuras são possíveis de alcançar através da focalização em três aspetos; pessoas, sistemas e procedimentos.

É neste sentido que as empresas devem funcionar como sistemas multimodais no auxílio que devem dar a tomadas de decisão racionais pela sua gestão. Neste sentido, é importante que se criem condições para um crescimento sustentado, sendo que as competências centrais para tal desígnio se devem prender fundamentalmente com o potencial humano e com a capacidade dos sistemas e tecnologias de informação. A criação de valor nesta perspetiva deve portanto focar-se em quatro aspetos de base, inovação, qualificação, motivação e desenvolvimento tecnológico – Figuras 30 e 31.

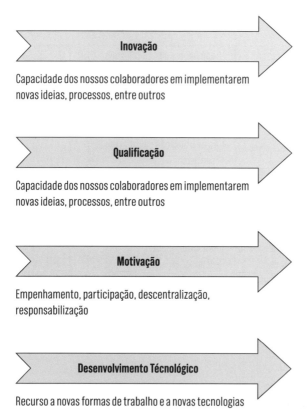

Figura 30 – Os Objetivos Principais da Perspetiva do Desenvolvimento Organizacional

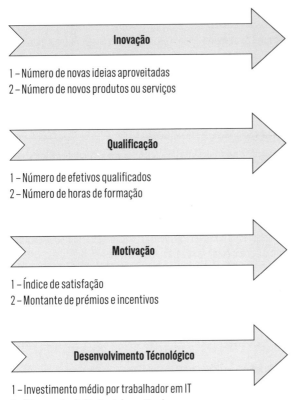

Figura 31 – Os Objetivos Principais da Perspetiva do Desenvolvimento Organizacional (indicadores de "performance")

Considerar os ativos intangíveis dos quais depende o sucesso organizacional é por isso um dos principais objetivos desta perspetiva, sendo o capital intelectual o grande elemento distintivo desta medida. Títulos e folhas de "performance" como número de novos serviços lançados (Figura 32), número de novas ideias aproveitadas e índices de satisfação, são apenas alguns exemplos de elementos determinantes de capacidade de aprendizagem e inovação no valor que podem acrescentar à organização.

Em termos sintéticos é apresentada na figura 33 os principais fatores críticos e possíveis indicadores de "performance" da perspetiva do desenvolvimento organizacional.

Título da medida	Número de novos serviços lançados
Propósito	Entender qual o nível de desenvolvimento de novos serviços por forma a que seja percecionado o nível de I&D ao nível da oferta de serviços
Relacionado com	A necessidade do negócio se tornar cada vez mais proativo e voltado para as exigências dos mercados em matéria de serviços
Target	Conseguir um nível de lançamento de novos serviços mínimo de 8 por ano civil
Fórmula	Nº de novos serviços lançados em cada ano de trabalho
Frequência	A ser medido e revisto trimestralmente (média de 2 novos serviços por trimestre)
Quem Mede	A Sra. Maria Isabel Costa. Diretora de I&D
Origem dos Dados	Sistema de gestão de novos produtos e serviços
Quem faz uso da Medida	A Sra. Maria Isabel Costa. Diretora de I&D e, todos os donos do processo chave
O que fazem	Analisam as necessidades dos clientes internos e externos e procuram novos serviços por forma a que melhor se adaptem e fidelizem esses clientes
Notas e comentários	

Figura 32 – Folha de "Performance" da Medida Número de Novos Serviços Lançados

	Fatores críticos de sucesso	Indicadores de desempenho	1	2	3	4
Perspetiva do desenvolvimento organizacional	**Inovação** Capacidade dos empregados em apresentar novas ideias	– Nº de novas ideias aproveitadas – Nº de novos produtos ou serviços				
	Satisfação Garantir elevados índices de motivação e empenhamento	– Índice de satisfação – Montante de prémios e incentivos				
	Qualificação Assegurar níveis de conhecimento dos empregados que potenciem os seus desempenhos	– Nº de efetivos qualificados – Nº de horas de formação				
	Tecnologia Aproveitar o potencial tecnológico	– Investimento médio por trabalhador em IT – Nº atividades informatizadas				

Figura 33 – Principais Fatores Críticos e Indicadores de "Performance" do "Balanced Scorecard" na Perspetiva do Desenvolvimento Organizacional

Legenda:

1 – "Previous"

2 – "Target"

3 – "Status"

4 – "Indicador"

Fonte: Adaptado de Jordan et al. (2008)

4.6 CONCLUSÃO

Ao associarmos a relação entre as ações estratégias, metas de longo-prazo e promoção de sinergias internas na organização, facilmente nos apercebemos que atingir os objetivos de acordo com a visão e missões concretas de atuação das organizações é hoje a base fundamental da forma corporativa e estratégica com que todas as empresas devem iniciar o seu pensamento. Aliás, é uma ideia há muitos anos difundida pela própria "Harvard Business Review" nos vários artigos publicados sobre o tema.

A descoberta do "Balanced Scorecard" como ferramenta de gestão, concebida há mais de 20 anos por Kaplan e Norton (1992), veio de facto ajudar a auxiliar o mundo dos negócios, permitindo às empresas integrar nas suas práticas organizacionais critérios de qualidade e mensuração de custos que as alavancaram para patamares superiores de excelência (Hendricks et al., 2011) num mercado caraterizado pela incerteza e pela competitividade.

Traduzir a visão e a estratégia da empresa através de relações de causa--efeito entre diferentes indicadores de "performance", manter os colaboradores alinhados, comunicar e associar as diferentes medidas estratégicas aos colaboradores, atribuir responsabilidades, estabelecer metas, ter a capacidade para desenvolver iniciativas de forma coerente com os objetivos traçados, alinhar o planeamento estratégico com as ações operacionais da empresa, clarificar e traduzir de forma simples a visão e a estratégia da empresa, em suma, possuir um motor de atividade que permita planear para agir, são os objetivos fundamentais de um processo que se quer simples e eficiente em termos de implementação.

Centrar a empresa no que é crítico, deve por isso ser expresso em ferramentas de medição (indicadores) claras, de fácil interpretação, acessíveis a todos, coerentes com os fins estabelecidos e, devem ser suportados por gestores de qualidade que saibam efetivamente atuar sobre eles.

Como qualquer metodologia, existirão sempre barreiras a ultrapassar. Alinhar os recursos das diferentes unidades de negócio (humanos, tecnológicos e outros) pode sempre validar alguma complexidade e levar à adoção de uma visão estratégica irrealista, à identificação incoerente de metas estratégicas, à falta de entendimento no que diz respeito às decisões tomadas pelo topo organizacional, à ineficácia na comunicação do plano, à incapacidade de obter "feedback" relevante sobre o desempenho organizacional, ou até mesmo à utilização de recursos inadequados.

Sejamos realistas, todas as medidas que promovam a melhoria de "performance" e a competitividade validam riscos, resultantes por um lado das mudanças repentinas no ambiente de gestão empresarial, e por outro porque todos os instrumentos à nossa disposição têm sempre de ser encarados como meios e nunca como um fim em si mesmo.

Definir o "scope", ou a arquitetura, de forma a promover a compreensão e a análise das diretrizes do negócio e da visão do mesmo, relacionar os objetivos estratégicos, pensar a quem se destina o "Balanced Scorecard" e os benefícios que este pode trazer a um determinado grupo, escolher os indicadores precisos, envolver todos os gestores seniores na sua construção, incluir apenas um gestor na fase de arranque do projeto de forma a que este o possa conduzir no seu dia-a-dia e, elaborar um plano de implementação que vincule os processos de planeamento, estratégia e orçamento, são assim as medidas fundamentais que se devem considerar na implementação de um "Balanced scorecard" – Figura 34.

---

1 – Os dados da performance financeira não são, só por si, adequados á gestão de uma empresa;

2 – Um "Balanced Scorecard" incorpora 4 perspetivas: (1) Financeira; (2) Mercadológica; (3) Organizacional Interna; (4) Inovadora e de Desenvolvimento;

3 – Uma outra forma de balancear as várias medidas é considerar: (1) dados financeiros vs. dados não financeiros; (2) medidas internas vs. externas; (3) medidas de "drivers" de "performance" vs. medidas de "outputs"; (4) medidas históricas vs. medidas que possibilitem predizer o futuro;

4 – O processo usado para desenvolver as medidas de "performance" é tão importante quanto as medidas; o comprometimento é fundamental;

5 – O processo de criação do "Balanced Scorecard" envolve todos os gestores seniores, que devem procurar debater entre eles os objetivos e as medidas. Esta tarefa não pode ser delegada;

6 – A medição deve ser feita sobre o que importa. Desenvolver as medidas a partir da estratégia e focar os fatores chave de sucesso;

7 – O tempo de design das medidas e de criação do ambiente propicio deve ser adequado. Tudo leva o seu tempo;

8 – O "loop" tem de ser fechado, i.e, devem usar-se as medidas que sejam revisíveis, analisadas e que permitam ações em conformidade;

9 – As medidas devem ser mostradas e comunicadas a toda a empresa. Devem ser tornadas visíveis;

10 – A persistência ajudará à implementação de um "Balanced Scorecard". O sucesso só pode ver-se ao longo do tempo e não é imediato.

Figura 34 – Os 10 Pontos-Chave do "Balanced Scorecard"

Ainda que se trate de uma ferramenta que possa ser melhorada, envolvendo no futuro questões do foro da responsabilidade social coletiva, éticas e culturais, ou até mesmo envolver um menor número de indicadores intuitivos e orientados para o passado, a verdade é que o "Balanced Scorecard" tem sempre de ser visto como uma poderosa ferramenta de gestão que pode influenciar de forma decisiva as diferentes áreas de responsabilidade dos gestores e de toda a política estratégica organizacional, promovendo sinergias que permitam atingir os objetivos em consonância com a missão estabelecida.

CONSIDERAÇÕES FINAIS

Como qualquer trabalho em progressão, não existe um modelo universal único de gestão empresarial, nem tão pouco se deve pensar em termos de uma estrutura única e eficiente de gestão que todas as empresas ou países devem imitar. A gestão é, e terá sempre de ser analisada como algo sistémico e em constante evolução, onde as empresas devem ser encorajadas a aprender umas com as outras, a trocar experiências, pontos de vista e ideias, independentemente do país ou continente onde estas se encontrem localizadas, pois como em qualquer estrutura de conhecimento o segredo estará sempre na adopção das melhores políticas e práticas em detrimento de outras que não pareçam tão adequadas do ponto de vista de análise de um dado contexto considerado.

Nesta medida, o conhecimento que se possa absorver a partir de outras culturas e mercados, torna-se fulcral para a construção do mapa global mental dos nossos gestores no que ao desenvolvimento das suas organizações diz respeito. Ou seja, quer pela adopção das melhores políticas e modelos que se percebem que podem encaixar perfeitamente nas suas organizações, quer pela própria deslocação a que os gestores estão hoje em dia sujeitos face à economia e gestão global, este paradigma exige mais do que nunca que se tenha de perceber o mundo como um todo, que se tenha de pensar a longo-prazo e que se tenha como base uma grande responsabilização social colectiva relativamente a qualquer um dos nossos "stakeholders", sejam estes fornecedores, acionistas, clientes, empregados, ou quaisquer outros.

Estamos hoje perante um mundo que tem de ser pensado de forma complexa, e lidar apenas com os fenómenos inovação, empreendedorismo, motivação, sinergias de trabalho entre colaboradores e, envolvimento dos clientes, fornecedores e comunidade, são aspetos que ficam muito aquém daquilo que hoje uma sociedade de livre circulação de capitais, bens e pessoas exige. Mais do que nunca esta complexidade exige uma grande capacidade em integrar os melhores saberes existentes nas organizações a nível planetário, mas isso implica que se conheça e que se tenha informação sobre a forma como se faz a gestão e se pensa a estratégia nos "quatro cantos do mundo", delineando uma orientação que possa permitir que se cultivem os gestores, os académicos e os próprios estudantes a partir de uma orientação teórica que lhes permita compreender a forma como lutam e sobrevivem as empresas a nível global, pois se assim não for pode eventualmente correr-se o risco de que tenhamos pessoas a gerir em Portugal sem conhecer a estrutura competitiva que os rodeia, ou seja a nossa realidade global. Neste sentido, tal como foi dado a constatar, desde sempre foram inúmeras as fórmulas, modelos e paradigmas que foram esboçados ao longo dos tempos na tentativa de resolver problemas angustiantes de gestão. Os resultados dessas análises foram assim sujeitos a variadíssimas mudanças na forma de entender o controlo de gestão, dando lugar no tempo a novas ideias e diretrizes no campo prático das diferentes estratégias empresariais, sendo que o importante é que se adotem os melhores instrumentos de pilotagem face às necessidades específicas de uma determinada contextualização, podendo adaptá-la a uma empresa, a um setor ou até mesmo a uma dada cultura.

Desta forma, o que se procurou ilustrar também neste livro é que o controlo de gestão deve ser entendido como um fator de desenvolvimento das empresas, na medida em que se trata de um verdadeiro instrumento que permite orientar os gestores no sentido da implementação da estratégia com o objetivo claro de melhorar desempenhos individuais e organizacionais.

Controlar, deve ter assim, uma orientação no sentido da estratégia, a partir da orientação de um conjunto de instrumentos que delineiem o rumo para o futuro, tais como a fixação de objetivos, a escolha de planos de ação e, a conceção de relatórios de acompanhamento e de apoio à decisão.

A partir deste domínio é percetível perceber que o trabalho de controlo de gestão não fica apenas alocado a quem controla, pois envolve todos os intervenientes organizacionais e principalmente os gestores operacionais, deixando estes últimos o papel do "design" e da consulta para os primeiros em termos da sua implementação e utilização.

CONSIDERAÇÕES FINAIS

Algo inquestionável que se deve ter sempre em linha de conta é que um adequado sistema de controlo de gestão ajuda a empresa a ter sucesso, mas para isso à que considerar sempre os oito princípios do controlo de gestão de Jordan et al. (2008) – Figura 35 – e os conceitos precisos dos mesmos autores relativamente ao que é de facto controlo de gestão, nomeadamente alicerçado nas ideias de que se trata de um esforço permanente realizado pelos principais responsáveis das empresas para atingir os objetivos fixados, de que deve proporcionar a todos estes responsáveis os instrumentos para facilitar e tomar as decisões adequadas que assegurem o futuro da empresa e, que deve ser concebido a partir de um conjunto de instrumentos que motivem os responsáveis a atingir os objetivos estratégicos da empresa, privilegiando a ação e a tomada de decisão em tempo útil e favorecendo simultaneamente a delegação de autoridade e responsabilização.

Figura 35 – Os Oito Princípios do Controlo de Gestão
Fonte: Jordan et al. (2008)

Ainda assim, e tal como mencionado por Hopwood (1985) o entendimento destas bases não deve ser entendido como algo milagroso. Muitas vezes a roupagem dada pelas empresas de sistemas de informação de gestão que asseguram este tipo de serviços (em termos informáticos), apresentando-os com títulos pomposos, fazem subentender que se tratam de receitas infalíveis, o que nem sempre é assim. Dois casos (estudos) ilustrativos disso mesmo foram concebidos por Demirage (1995) e Williams et al. (1995) em que foram estudados os sistemas de controlo de gestão de empresas Japonesas a operar no Reino Unido, que não usando o conjunto de técnicas muitas vezes apregoadas de infalíveis vieram a obter resultados superiores a certas organizações que o fazem.

A ilustração destes exemplos mais não significa do que a exemplificação de que muitos dos casos de sucesso apresentados por empresas prestadoras de serviços tecnologicamente evoluídos de controlo de gestão, não passam muitas vezes de enigmas não reconhecidos, inconsistentes e paradoxais (Argyris, 1992), pelo que devem ser sempre tidos em conta em simultâneo quer o desenvolvimento de novos programas tecnológicos, quer mecanismos de controlo simbólicos, voltados estes últimos para resultados que favoreçam a repartição de lucros entre os donos do capital e os gestores.

Sugere-se no entanto que este campo de pesquisa seja amplamente mais desenvolvido pela realização de estudos empíricos, como estudos de casos, por forma a que se possa perceber de que forma as organizações contemporâneas estão a usar os seus sistemas de controlo de gestão. É importante que as ideias e pressupostos possam ser definidos a partir de dados reais e não do simples senso comum ou de explicações matemáticas, permitindo que se contribua efetivamente para a expansão do conhecimento nesta área tão importante da gestão empresarial.

Concluo portanto este livro com o mesmo intuito com que o iniciei, lançando por um lado um desafio ao leitor e por outro um repto ou um estímulo a mim próprio enquanto estudioso da realidade complexa em que vivemos.

Assim, não tendo tido o propósito de tratar os dois diferentes capítulos apresentados neste livro de forma isolada, pretendo por isso que o leitor os possa combinar de forma mais clara, nomeadamente explorando qual ou quais dos modelos de governabilidade organizacional aqui apresentados melhor se adaptam à implementação de um "Balanced Scorecard".

Por outro lado, dada a realidade complexa em que assenta o pensamento estratégico dos diferentes modelos de gestão que compõem o nosso mapa global, pretendo que a primeira parte deste livro não fique compreendida apenas na ilustração dos seis modelos de gestão aqui apresentados. Prendendo por isso, trazer-vos no futuro, um profundo desenvolvimento da primeira parte desta obra, fundamentalmente ligando o desenvolvimento do conteúdo aqui apresentado à elaboração de um conjunto de outros modelos de gestão globais para construção de um verdadeiro mapa global.

"Serão os países Africanos, Islâmicos e todos aqueles que possam emergir como o Brasil, Índia ou Rússia capazes de fazer destronar o mundo capitalista liderado pelos E.U.A., Europa, China e Japão, como hoje os conhecemos?".

REFERÊNCIAS BIBLIOGRÁFICAS

AARON, C. & D. Gerald (2008). The Effects of Adopting the Balanced Scorecard on Shareholder Returns. **Advances in Accounting**, Volume 24, nº 1, pp. 8-15.

ABBASI, A; K. Rehman & S. Abassi (2010 b). Welfare Protection Model for Organizational Management: The Islamic Perspective. **African Journal Business Management**, Volume 4, nº 5, pp. 339--747.

ABBASI A.; Kashif Ur Rehman & A. Bibi (2010 a). Islamic Management Model. **African Journal of Business Management**, Volume 4, nº 9, pp. 1873-1882.

ALHABSHI, S. & A. Ghazali (1994). **Islamic Values and Management**. Isntitute of Islamic Understanding Malaysia.

ANDERSON, E. (1985). The Salesperson as Outside Agent of Employee. A Transaction Cost Analysis. **Marketing Science**, Volume 4, pp. 234-254.

ANTÓNIO, N. (2006). **Estratégia Organizacional: Do posicionamento ao Movimento**. Edições Silabo, 2º Edição, Lisboa.

ANTÓNIO, N. (2008). **Economia e Gestão Chinesas: Aspectos Fundamentais**. Edições Silabo, 1ª Edição, Lisboa.

ANTÓNIO, N.; V. Trigo; A. Spring; C. Robertie; J. Hong & J. Feijó N. (2011). **China and Portuguese Speaking Africa: Business Approaches and Management Models in China, Mozambique and Cape Verde.** Edições Silabo, Lisboa.

AOKI, M. e R. Dore (1994). The Japanese Firm: The Sources of Competitive Strength. **Oxford University Press**, New York.

ARGYRIS, C. (1992). **Entretanto Defesas Empresariais**. Editora Campos, Rio de Janeiro.

AU, K. & Kwan, H. (2005). Informal Investors in Hong Kong and Shenzhen – Findings of the Global Entrepreneurship Monitor. Hong Kong: Centre of Entrepreneurship. Chinese University of Hong Kong. http://www.baf.cuhk.edu.hk/centre/entrepreneurship, 10/11/2010.

AU, K. & Kwan, H. (2009). Start-up Capital and Chinese Entrepreneurs: The Role of Family. **Entrepreneurship Theory and Practice Journal**, Volume 33, nº 4, pp. 889-908.

BARNEY, J. & W. Ouchi (1986). Organizational Economics. **Jossey-Bass**, San Francisco

BASU, A.; R. Lal; V. Srinivasan; R.Staelin (1985). Sales-force Compensation Plans: An Agency Theoric Perspective. **Marketing Science**, Volume 4, pp. 267-291.

BEEKUN, R. & J. Badawi (1999). **The Leadership Process in Islam**. The International Isntitute of Islamic Thought.

BERRY A. J. (1995). **Management Control: Theories, Issues and Practices**. Macmillan, London.

BRUTON, G.; D. Ahlstrom & K. Obloj (2008). Entrepreneurship in Emerging Economies: Where are we Today and Where Should the research go in the Future. **Entrepreneurship Theory and Practice**, Volume 32, nº 1, pp. 1-14.

BUHR, D. & J. Schmidt (2007). Big Reform with Little Effect? Labour Market and Employment Policy in Germany. CAP-working paper. **Munich. Centrum fur Angwandte Politikforschung**.

CERAMI, A. (2004). Germany After the Unification: the Exclusive Society?. University of Erfurt. Facultay of Economics. Paper nº 2004-001SC.

CHEN, J. & Zhang, C. (2002). Profit Advantage – Comparisons of Sino-Us Competitive Industries. **International Trade**, Volume 5.

COLLIER, P. e J. Gunning (1999). Why has Africa Grown Slowly?. **Journal of Economic Perspectives**, Volume 13, nº 3, pp. 3-22.

CROSWELL, J. & R. McCutcheon (2001). Small Contractors Development and Employment: A Brief Survey of Sub-Saharan Experiences in Relation to Civil Construction, in R. McCUTCHEON R. & T. Parkins (2001) **International Conference on Employment Creation and Development**, April, 2-5, Johannesburg.

CURCH, A. H. (1913). **The Science and Practice of Management**. Engineering Magazine Co, NY.

CZADA, R. (2002). The German Political Economy in Flux, in Ten Years of German Unification: Transfer, Transformation, Incorporation, ed. Jorn Leonhard and Lothar Funk. Birmingham: Birmingham University Press, pp. 151-67.

CZADA, R. (2004). The End of a Model? Crisis and Transformation of the German Welfare State. WP 1/04 University of Osnabruck: Social Science Department, http://www.politik.uni-osnabrueck.de/wp/WP%201_04%20Czada.pdf

CZADA, R. (2005). Social Policy:Crisis and Transformation. In Governance in Comtemporany Germany. The Semisovereign State Revisited, ed. Simon Green and William E. Paterson. Cambridge: Cambridge University Press, pp. 165-189.

CZADA, R. & K. Hirashima (2009). Germany and japan after 1989: Reform Pressures and Political System Dynamics. ISS Reseach Series, Vol. 33, pp 75-90.

DAVIS, R. C. (1928). **The Principles of Factory Administration and Management**. Harper, NY.

DEMIRAGE, I. S. (1995). <Management Control Systems of Japanese Companies Operating in the United Kingdom>. In A. J. Berry et al. (eds). Management Control: Theories, Issues and Practices. Macmillan, London.

DEMSKI J. & G. Feltham (1978). Economic Incentives in Budgetary Control Systems. **Accounting Review**, Volume 53, pp. 336-359.

DENT, A. G. H. (1953). Budgetary Control Study. **Industry Illustrate**, Vol. 2, pp. 302-307.

DORASAMY, N. (2010). The Impact of the Global Crisis on Ethical Leadership: A Case Study of the South African Public Sector. **African Journal of Business Management**, Volume 4, nº 10, pp. 2087-2096.

EISENHARDT, K. (1985). Control: Organizational and Economic Approaches. **Management Science**, Volume 31, pp. 134-149.

EISENHARDT, K. (1989). Agency Theory: An Assessment and Review. **Academy of Management Review**, Volume 14, nº 1, pp. 57-74.

EMERSON, U. (1912). **The Twelve Principles of Efficiency**. Engineering Magazine Co, NY.

FAFCHAMPS, M. (1994). Industrial Structure and Microentreprises in Africa. **The Jounal of Developing Areas**, Volume 29, pp. 1-30.

FAYOL, H. (1949). **General and Industrial Management**. Pitman, London.

FORTES, A. & Haller, W. (2005). The Informal Economy. **Em** N. Smelser e R. Swedberg. **Handbook of Economic Sociology**. Russell Sage Foundation, New York.

FUKUYAMA, F. (1995). Trust: The Social Virtues and the Creation of Prosperity. **Free Press**: New York.

GLOVER, J. G. & C. L. Maze (1937). **Managerial Control. Ronlad**. NY

GOETZ, B. E. (1949). Management Planning and Control. McGraw-Hill, NY.

GREE, A. & Thurnik, C. (2003). Firm Selection and Industry Evolution: The Post Country Performance of New Firm. **Journal Evolution Economy**, Volume 4, nº 4, pp. 243-264.

HELLRIEGEL, D.; S. Jackson; J. Slogun; G. Staude; T. Amos; H. Klopper; L. Louw; T. Gosthlizen (2008). **Management**. Oxford University Press, 2ª Edition, Oxford.

HENDRICKS K.; C. Menor; I. Wiedman & M. Hora (Forthcoming.2011). Adoption of the Balanced Scorecard: An Empirical Analysis of Motivation and Performance for Canadian Firms. *Canadian* Journal of Administrative Science.

HERMINGTON, M; J. Kew & P. Kew (2009). Global Entrepreneurship Monitor. South Africa Report. http://www.gbs.nct.ac.za/gbswebb/userfiles/gemsouthafrica2000.pdf, 15/10/2010.

HOFSTEDE, G. H (1967). **The Game of Budget Control**. Koninklijke Van Gorcum e Comp, Amsterdam.

HOLDEN, P., S. L. Fish. & H. I. Smith (1941). <Top Management Organization and Control>. Stanford University Press, p 3-77.

HOPWOOD, A. G. (1985). <The Growth of Worrying about Management Accounting>. In H. Clark, R. Hayes & C. Lorenz (eds). The Uneasy Alliance. Harvard Business School, Boston.

HSU, F. (1971). **Kinship and Culture**. Aldine: Chicago.

JABNOUN. N. (1994). **Islam and Management**. Institute Kajian Dasar.

JENSEN, M. (1983). Organization Theory and Methodology. **Accounting Review**, Volume 56, pp. 319-338.

JENSEN, M. e W. Meckling (1976). Theory of the Firm: Managerial Behaviour, Agency Costs and Ownership Structure. **Journal of Financial Economics**, Volume 3, pp. 305-360.

JOHNSON, H. T. & R. S. Kaplan. **Relevent Lost: The Rise and Fall of Management Accounting**. Harvard Business Scholl, Boston.

JORDAN, H., João Carvalho das Neves & José Azevedo Rodrigues (2008). **O Conceito de Gestão: Ao serviço da estratégia e dos Gestores**. Áreas Editoras, 8ª Edição, Lisboa.

KAPLAN, R. &, D. Norton (1992). The Balanced Scorecard: Measures that Drive Performance. **Harvard Business School Publication Corp**, Volume, pp. 71-90.

KAPLAN, R. &, D. Norton (1996). **The Balanced Scorecard: Translating Strategy into Action**. Harvard Business School Press, Boston.

KATZENSTEIN, P. (1987). **Politics and Policy in West Germany: The Grow of a Semi-Sovereign State**. Temple Press, Philadelphia.

KAUFMANN, D.; A. Kraay & M. Mastruzzi (2005). Governance Matters IV. Governance Indicators for 1996-2004. **Wordl Bank**. Washington DC.

KAZMI, A. (2003). Proposed Research Agenda in Islamic Perspectives on Management Studies. **Journal Economic Management**, Volume 1, nº 2, pp. 197-227.

KHAVUL, S.; G. Bruton & E. Wood (2009). Informal Family Business in Africa. Entepreneurship. **Theory and Practice**, Volume 33, nº 6, pp. 1217-1236.

KODAMA, M. (2009). Boundaries Innovation and Knowledge Integration in the Japanese Firm. **Long Range Planning**, Vol. 42, pp. 463-494.

KVINT V. (2009). **The Global Emerging Market: Strategic Management and Economics**. Routledge, New York.

LEE, M & L. MJelde-Mossey (2004). Cultural Among Generations: A Solution-Focused Approach With East Asian Elders and Their Families. **Journal of Marital and Family Therapy**, Volume 30, nº 4, pp. 497-513.

LI, J. (2008). Political Strategy of Chinese Private Ventures: An Organizational Life Cycle Framework. **International Journal of Entrepreneurship**, Vol. 12, pp. 107-123.

LINDBOLM, C. (1994). The Implications of Organizational Legitimacy for Corporate Social Performance and Disclosure. Paper Presented at the Critical Perspective on Accounting Conference, NY.

LOPES DA COSTA, R. (2010). O Outsourcing dos Sistemas de Informação como factor de Competitividade no Sector da Banca. **Revista Portuguesa e Brasileira de Gestão** – INDEG/ISCTE, Volume. 9, nº 3 (Jul/Set), pp. 11-19.

LOPES DA COSTA, R. (2011). **Estratégia Organizacional e Outsourcing: Os Recursos Estratégicos de Competiti-**

vidade Empresarial. Edições Almedina, Lisboa/São Paulo.

LUTZ, S. (2000). From Managed to Market Capitalism? **Max Planck Institute fur Gesellschaftsforschung** . MPIfG Discussion Paper. Koln.

MA, J. & W. Yang (2010). On Trade Barriers to China's Textiles Industry. **International Journal of Business and Management**, Volume 5, nº 9, pp. 127-131.

MAWDUDI, A. (1960). **Towards Understanding Islam**. UKIM, Dawah Centre.

MAYO, E. (1933). **The Human Problems of an Industrial Civilization**. Harvard University Press, Cambridge.

MURPHY, L. (1999). Institutions and the Demand of Justice. **Philosophy and Public Affairs**, Volume 27, nº 4, pp. 251--291.

RUDEZ, H. & T. Mihalic (2007). Intellectual Capital in the Hotel Industry: A Case Study from Slovenia. **Hospital Management**, Volume 26, nº 2, pp. 188--199

OLAWALE & A. Smit (2010). Business Environmental Influences on the Availability of Debt to New SME's in South Africa. **African Journal of Business Management**, Volume 4, nº 9, pp. 1778--1789.

OLAWALE, F. & S. Van Aardt (2010), The Impact of Business Environment on the Availability of Trade Credit to New SME's in South Africa. **African Journal of Business Management**, Volume 4, nº 9, pp. 1790-1799.

PERROW, C. (1986). **Complex Organizations**. Randorn House, New York.

PONNU, C. & M. Okoth (2009). Corporate Social Responsibility Disclosure in Kenya: The Nairobi Stock Exchange. **African Journal of Business Management**, Volume 3, nº 10, pp. 601-608.

PORTAL DAS EMPRESAS (2010). Prova de Fogo para a Concorrência: A Ascensão da Empresa Chinesa. http://www.ango-lanainternet.ao/portalempresas/index.php?Option =com.content&task=view&id=628&itemid=71, 01/11/2010.

POSEN, A. (2009). Reform and Grow in a Rich Country: German. Peterson **Institute. Washington: Peterson Institute for International Economics**, forthcoming.

PUDELKO, M. (2009). The End of Japanese-Style Management? **Long Range Planning**, Vol 42, pp. 439-462.

ROSS, S. (1973). The Economic Theory of Agency: The Principal's Problem. **American Economic Review**, Volume 63, pp. 134-139.

ROWLAND, F. H. (1947). **Business Planning and Control**. Harper, NY.

SCHARPT, F. (2003). Regieren im Europaischen Mehrebenensystem – Ansatze zu Einer Theorie. Leviathan, vol. 30, nº 1, pp. 65-92.

SCHLEVOGT, K. (2002). **The Art of Chinese Management:** Theory, Evidence, and Applications. Oxford University Press, Oxford.

SCHNEIDER, F. (2005). Shadow Economies Around the World: What do We Really Know?. **European Journal of Political Economy**, Volume 21, pp. 598--642.

SPENCE A. & R. Zeckhauser (1971). Insurance, Information, and Individual Action. **American Economic Review**, Volume 61, pp. 380-387.

STATISTICS SOUTH AFRICA (2009). Quarterly Labour Force Survey. http://www.statssa.gov.za/publication/findpublicationasp, 05/11/2010.

STEIER, L. (2003). Variant of Agency Contracts in Family-Financed Ventures as a Continuum of Familiar Altruistic and Market Rationalities. **Journal of Business Venturing**, Volume 18, nº 5, pp. 597-618.

TAYLOR, Frederick (1967). **The Principles of Scientific Management**. Harper & Row, Publishers, NY.

TAYLOR A. (2006). China's Oil Diplomacy in Africa. **International Affairs**, Volume 82, nº 5, pp. 937-959.

THWALA, W. & M. Phaladi (2009). An Exploratory Study of Problems Facing Small Contractors in the North West Province of South Africa. **African Journal of Business Management**, Volume 3, nº 10, pp. 533-539.

TRIANDIS, H. (1995). **Individualism and Collectivism**. Westview Press: Boulder, CO.

TUSTIN, D. (2010). An Impact Assessment of a Prototype Financial Literacy Flagship Programme in a Rural South African Setting. **African Journal of Business Management**, Volume 4, nº 9, pp. 1894-1902.

URWICK, L. F (1928). **Principles of Direction and Control**. Dictionary of Industrial Administration, London.

VON BROEMBSEN, M.; M. Wood & E. Herrington. Global Entrepreneurship Monitor. South Africa Report. http://www.gbs.nct.ac.za/gbswebb/userfiles/gem200 5.pdf , 15/10/2010.

WALKER G. & D. Weber (1984). A Transaction Cost Approach to make-or-Buy Decisions. **Administrative Science Quarterly**, Volume 29, pp. 373-391.

WEBER, M. (1922). **Economy and Society**. Bedminster Press, NY

WHITE, H. (1985). Agency as Control. In J.Pratt & R. Zeckhauser (eds). Principals and agents: The Structure of Business. **Harvard Business Scholl Press**, Boston.

WONG, P.; L. Lee & Y. Ho (2006). Dynamics of the Early-Stage Entrepreneurial Process; Findings From a Pilot Tracer Survey of Nascent and New Enterprises in Singapore. **Singapore: National Singapore University Entrepreneurship**

Centre. http://www.edu/nec, 10/11/2010.

ZAHRA, S. (2007). Contextualizing Theory Building in Entrepreneurship Research. **Journal of Business Venturing**, Volume 22, nº 3, pp. 443-452.

ZHANG, P. & Ye, Y. (2010). Study on the Effective Operation Models of Credit Guarantee System for Small and Medium Enterprises in China. **International Journal Business and Management**, Volume 5, nº 9, pp. 99-105.

ÍNDICE

PREFÁCIO 9

NOTA DE EDIÇÃO 11

INTRODUÇÃO 13

Capítulo I – O MAPA GLOBAL DE GESTÃO:
OS MODELOS ANGLO-AMERICANO, ALEMÃO, JAPONÊS,
CHINÊS, ISLÂMICO E AFRICANO 15
1. O Modelo de Gestão Anglo-Americano 15
2. O Modelo de Gestão Germânico 17
   2.1 O Conceito de Codecisão do Modelo Alemão Anterior a 2003 17
   2.2 O Novo Paradigma no Contexto Social e Económico Alemão 20
3. O Modelo de Gestão Japonês 23
4. O Modelo de Gestão Chinês 29
   4.1 O Modelo de Gestão Chinês segundo Schlevogt 29
   4.2 O Modelo de Gestão Chinês de Wenzhou, das PME, de Sunan
      e Guagdong 32
5. O Modelo de Gestão Islâmico 35
6. O Modelo de Gestão Africano 39
   6.1 África: O Núcleo Central de Negócios Familiares 39
   6.2 O Modelo Africano mais Distinto: África do Sul 41
   6.3 Colocar África no Caminho de uma Economia Emergente 43
7. Conclusão 45

Capítulo II – CONTROLO DE GESTÃO:
UMA ABORDAGEM INTEGRADA DO QUE É CONTROLAR 47
1. Evolução Histórica do Conceito de Controlo de Gestão 47

OS MODELOS DE GESTÃO GLOBAL E OS MEIOS E TÉCNICAS DE FAZER O CONTROLO DE GESTÃO NAS PME

2. O Controlo de Gestão e os Principais Aspetos da "Performance"	49
3. O Controlo Estratégico e Operacional	51
3.1 O Processo de Medição de Valores e Performance	51
3.2 A Implementação de Variáveis-Chave	54
3.3 A Conceção de Indicadores de Gestão	55
3.4 O Conceito de Segmentação	58
3.5 Gestão de Informação Não-Financeira	60
3.6 O Papel do Controlo de Gestão (preocupações)	61
3.7 Informação Financeira para a Gestão	63
4. A Implementação de um "Balanced Scorecard"	65
4.1 O Sistema de Medição de "Performance"	65
4.2 A Origem do Conceito "Balanced Scorecard"	68
4.3 A Conceção da Metodologia "Balanced Scorecard"	69
4.4 As Relações Causa-Efeito e o Mapa Estratégico	71
4.5 As Quatro Perspetivas do "Balanced Scorecard"	72
4.5.1 A Perspetiva Financeira	72
4.5.2 A Perspetiva de Mercado	76
4.5.3 A Perspetiva dos Processos Internos	79
4.5.4 A Perspetiva do Desenvolvimento Organizacional	82
4.6 Conclusão	85
CONSIDERAÇÕES FINAIS	89
REFERÊNCIAS BIBLIOGRÁFICAS	93